중국에서 통하는 진심 경영 스토리

선한
영향력

박상윤 지음

중국에서 통하는 진심 경영 스토리 선한 영향력

2013년 11월 25일 초판 1쇄 발행
2013년 12월 20일 초판 2쇄 발행
2014년 8월 20일 초판 3쇄 발행
2014년 11월 25일 개정판 1쇄 발행
지은이 박상윤
발행인 유준원
편 집 박주연
디자인 엄윤경
마케팅 김혜림
경영지원 강수진
발행처 (주)더클코리아
인 쇄 Pacom
공급처 명문사
출판신고 제2013-000072호
주 소 서울시 금천구 남부순환로 108길 20-10 (가산동)
전 화 (02)2025-3220 **팩스** (02)2025-3221
전자우편 thecleceo@naver.com

ISBN 979-11-962091-4-9

중국에서 통하는 진심 경영 스토리

선한
영향력

개정판을 펴내면서

선 영향 력
한
영향
이
용
으로 이
내 용
생
비
오

'선한 영향력'이란 이름으로 내 인생의 첫 책을 출판한 지 일 년
이 되었다. 작년 10월초 이 책의 원고를 탈고하면서 한동안 출판을
망설였다. 중국에서 주재원으로 사업가로 살아왔던 일상의 경험들
을 적어본 것인데 책으로 출판했다가 괜히 창피만 당하지 않을까
우려했기 때문이었다. 어쨌든 용기를 내었고 만 50살 생일이 1쇄 출
판일로 찍힌 책을 손에 들게 되었다. 인생이 100년이라면 앞서의 50
년을 전반전이라 생각하고 한 번쯤 정리를 하고 싶었다. 새롭게 맞
이할 후반전 50년을 두 번째 삶이라고 생각하면서 '선한 영향력'의
출판과 함께 새로 태어나고자 생각했던 것이다.

처음 이 책의 제목을 '선한 영향력'으로 정하려고 할 때, 기독교
신자 분께서 몇 번이나 만류했다. 교회 목사님 정도는 되어야 사용
할 수 있는 말을 신자도 아닌 내가 책 제목으로 사용하는 것을 반
대했다. 하지만 내 마음 속에 강하게 자리 잡은 '선한 영향력'이란

용어는 단순한 단어가 아니었고 내가 살아가야 할 부동의 이유이자 목적이었기 때문에 나는 이 제목을 포기할 수 없었다. 그 분이 보기에 내가 그리 선하지 않았던가 싶기도 했지만, 책은 '선한 영향력'이란 제목으로 세상에 나갔고 많은 독자들의 사랑을 받았다.

아빠도 언젠가 책을 한 권 써보겠다던 딸과의 약속을 지키기 위해서 썼을 뿐인데, 적지 않은 분들에게 위로를 주고 격려를 받았다. 책을 읽으신 분들로부터 글 속에 진심이 담겨있다는 말도 들었다. 한 번도 만난 적이 없던 많은 분들이 책을 읽고 감동받았다는 소감을 이메일로 보내주시기도 했다. 중국과 한국에서 다양한 연령대, 각각 다른 직업을 가진 분들이 이 책을 읽었다. 심지어 독서 모임에서는 그 주의 선정되어 열띤 토론까지 했다고 들었다. '선한 영향력'이라는 책이 그 분들에게 선한 영향력을 끼쳤구나라는 생각을 하게 될 때 나는 진한 감동을 받을 수밖에 없었다.

책 제목 때문에 이 책이 종교와 관련된 책일 것이라 생각하고 선뜻 읽을 생각을 하지 않은 분들이 많았을 것 같다. 하지만 종교와 관계없이 선한 영향력이 우리 한 사람 한 사람의 삶에 중요한 가치관이 된다면 세상은 좀 더 밝아지고 행복해질 것이라 생각하고 있다. 세월호 사건을 겪으면서 더 많은 생각을 하게 되었다. 만약 우리 사회에 '선한 영향력'이 개인의 성공관과 가치관에 깊이 뿌리를 내리고, 더 많은 기업들의 기업문화로 정착하고, 위정자들의 정치 목적에도 근저를 이뤘다면 세월호 같은 사건은 일어나지 않았을 것이라고 생각해본다.

성공을 바라는가? 행복해지기 바라는가? 삶의 진정한 의미에 관심이 있는가? 답은 '선한 영향력'에 있다고 생각한다. 개인으로 살든 기업을 경영하는 사업가로 살든, 어느 조직의 리더이든 더 많은 사람들이 '선한 영향력'이란 화두를 가슴 속 깊이 받아들이고 일상의 삶에서 조금씩이라도 실천해보는 세상이 되기를 희망해본다.

이 책이 더 많은 독자들에게 읽힐 수 있기를 바라는 분들 덕분에 개정판을 내게 되었다. 개정판 1쇄의 출판일은 내가 만 51살, 그러니까 나의 두 번째 50년 삶에서 한 살인 내 생일이다. 멋진 생일 축하를 해주신 더클코리아 임직원분들께 감사드린다. 한 살로 다시 태어날 수 있는 지혜를 주신 아버지와 하늘에 계신 어머니에게 개정판을 바친다.

선 한 영향 력
이
를
으로
내
일
를
이
니

10여 평 남짓만 조그만 사무실, 손님에게 보여주기 부끄럽던 지저분한 빌딩에 있던 사무실에서 오늘의 회사를 창업한 지 5년 반이 되었다. 5년 전 자본금 2억 원, 1인 기업으로 시작한 회사는 이제 매출 규모 400여억 원, 직원수는 40여 명인 중소 종합무역상사가 되었다.

나는 여전히 매출 2조라는 숫자를 머릿속에 넣고 있다. 반드시 이루고 말리라 다짐을 하는 피할 수 없고, 포기할 수 없는 목표이다. 반드시 이루어지는 날이 올 것으로 믿는다. 그날을 만들기 위해서 더욱 열심히 노력하려고 한다. 2조라는 목표는 단지 넘어야 할 첫 고지일 뿐이다.

목표가 있으면 이를 위해 온 정신과 노력을 집중해야 하는데, 요즘 한눈을 파는 것이 아닌가 하는 생각이 들기도 한다. 작년 가을부터 올 여름이 끝나가는 지금까지 지난 일 년 동안 강의 요청을 받은 것을 세워보니 열 번이나 되었다. 누군가에게 조금이라도 도움이

될 수 있다면 좋겠다는 생각으로 학생들이나 기업인들에게 봉사 강
의를 하게 된 것이다. 내가 했던 강의에 공감하는 학생들과 기업인
들을 만날 수 있었다. 그들을 생각하면서 한 시간, 두 시간에 전부
말할 수 없었던 내용들을 책으로 정리하여 보고 싶었다. 또한 나 스
스로 걸어온 과거를 돌이켜 보면서 지난 삶의 매듭을 짓고, 새로운
마음으로 더욱 아름다운 내일을 엮어가고 싶었다.

상하이박

　지나온 세월을 손가락으로 셈을 해보니 중국과 인연을 맺어온 지
벌써 20년 가까운 세월이 흘렀다. 1990년대 초, 첫 중국 출장을 시
작으로 1994년 베이징어언학원에서 중국어 연수를 하였고, 96년 1
월부터 상하이에서 주재원으로 일하기 시작했다. 아직 초등학교에
입학하기 전이던 아들과 딸의 손을 잡고 상하이에 온 이후로 세월
이 참 빠르게 흘러갔다. 두 아이는 이제 대학생이 되었고, 나는 대기

업 주재원의 생활을 마치고, 스스로 창업을 하여 이제 상하이 한인 교포로 살게 되었다.

독자들에게 떳떳하게 나의 스토리를 이야기할 수 있을까? 내 경험과 생각들을 읽는 분들에게 이 책이 조금이라도 도움이 될 수 있을까 하는 생각을 먼저 해보았다. 조정래 작가의 소설 《정글만리》의 주인공은 상하이를 무대로 주재원 생활을 해왔던 사람이다. 소설이 끝나갈 무렵, 주인공은 상하이에서 스스로 창업을 준비하게 된다.

나 역시 소설의 무대인 중국 상하이에서 12년 반이라는 짧지 않은 세월을 소설의 주인공처럼 주재원으로 일을 해왔다. 소설처럼 나의 주재원 삶에도 온갖 이야기들이 수없이 많았다고 생각한다. 우리는 소설의 주인공이 창업한 이후 과연 어떻게 되었을까 궁금해 하고 있다.

《정글만리》의 주인공이 창업을 해서 성공한 이야기가 세상에 나오기 전에, 우선은 상하이에서 주재원을 하다가 창업을 하여 5년 반이란 시간을 보낸 나 자신의 이야기를 나누고자 한다. 나의 아들과 딸, 그리고 회사의 직원들, 내가 만났던 한국의 학생들, 나보다는 아직 젊은 사람들에게 조금이라도 도움이 될 수 있다면 기꺼이 나의 중국 생활과 창업 경험을 나누어 주고 싶다.

나는 이메일의 아이디를 '상하이박'으로 사용하고 있다. 내가 참여하고 있는 상하이의 동아리 모임에 나가면 회원들이 나를 두고 상하이박으로 부르고 있다. 상하이에서 살아온 지 십팔 년, 앞으로 살아야 할 날들이 또 오십 년은 될 것 같다.

내가 믿는 것을 믿는 사람들과

그동안 회사 직원들에게 "나는 사장되고 싶지 않은 사람이다."라고 이야기를 해왔다. "나는 회장이 되고 싶고, 너희들을 사장으로

만들어 주고 싶다.", "최소한 10명 이상의 사장을 만들 거야!"라고
이야기해왔다. 내 나이 46살에 창업을 하여, 50살에 후배에게 사장
자리를 물려주었다. 첫 번째 인생 50살이 되어 내가 일구어온 모든
것을 내려놓았다.

그 후에 나는 두 번째 인생을 시작했다. 앞으로 살아가야 할 또
다른 오십 년 동안 더 많은 후배들이 사장이 되도록 격려하면서 살
고자 한다. 후배에게 사장 자리를 내어주니 회사는 더욱 투명해졌
고, 나 개인의 회사에서 회사 직원 모두의 회사로 분위기가 바뀌기
시작했다. 새로운 사장의 리더십으로 회사는 더욱 힘차게 성장하기
시작했다. 사장과 직원들은 나보다 더욱 똑똑하다는 것을 보여주
고 있다.

직장 생활을 끝내고 사업을 시작해 돈을 벌어 아이들의 대학교
등록금을 내고, 가족의 생활비를 벌기 위해서 발버둥 치며 일을 하

던 시절을 과거로 흘려보냈다. 이제는 개인의 회사가 아닌 직원 모두의 회사로 거듭나기 시작했다. 다 같이 이 안에서 먹고 살고, 웃고 행복하게 살 수 있는 공간으로 만들어 갈 수 있게 되었다. 그동안 나 한 사람의 머리, 한 사람의 몸으로 이리 뛰고 저리 뛰고 하던 회사는 모두의 머리와 모두의 가슴을 한데 모아 힘을 발휘하고 있다.

직원들이 이렇게 열심히 일하는 시간, 나는 회사가 그룹으로 발전하기 위해서 무엇을 어떻게 해야 할 것인가를 생각한다. 회사의 생존과 성장을 위해서 무엇을 할 것인가, 어떻게 해야 할 것인가? 이 두 가지 질문에 앞서 중요한 깨달음이 필요하다.

회사를 더욱 안정되게 성장시키기 위해서는 "무엇을", "어떻게"를 생각하기에 앞서서, "왜 일하는가? 왜 사는가?"라는 문제를 생각해 보는 시간을 갖고 싶었다.

테드(TED.COM)에서 사이먼 시넥이라는 사람이 리더십에 대해서 이야기하면서 이 고민을 일깨워 주었다. 그는 "기업의 목적은 모든 사람과 장사를 하는 것이 아니며, 자기가 믿는 것을 믿는 사람들과 장사하는 것이다."라고 주장했다. 그는 또한 "직업이 필요한 사람들을 채용하는 것이 아니라 자기가 믿는 것을 믿는 사람들과 일을 해야 그들이 피와 땀을 흘려서 회사를 발전시킬 수 있다."라고 했다.

지금부터 이야기하는 내 인생 스토리에는 내가 믿는 사람들의 이야기가 나온다. 나는 그들을 믿고, 그들은 나를 믿는 회사 이야기를 할 것이다. 회사의 꿈을 이야기할 것이며, 어떻게 그런 회사를 만들어 왔고, 만들어 갈 것인지 이야기할 것이다.

아름다운 스토리가 있는 미래로

중국의 옛말에 "십 년의 세월, 추운 창문에 아는 체하는 이 없더니만, 세상에 이름이 알려지니 하늘 아래 모르는 이가 없구나(十

年寒窗无人问，一举成名天下知)."라는 말이 있다. 중국의 원나라 때, 고명이라는 사람이 한 말이라고 한다. 내가 베이징에서 중국어 공부를 할 때 교과서에서 배웠던 문장이다.

말콤 글래드웰이 중국의 지혜를 배워서 '일만 시간의 법칙'을 이야기한 것이 아닐까 싶다. 그의 책 《아웃라이어》에서 "어떤 분야에서든 위대한 성공을 하려면 매일 세 시간씩 십 년간을 꾸준히 노력해야 한다."라고 말하고 있다.

십 년을 이야기했지만, 말의 뜻은 오랜 시간 지속적으로 노력해야 비로소 어떤 분야에서 성공을 이룰 수가 있다는 통찰을 말해주고 있는 것이다. 지난 세월을 뒤돌아보고, 오늘 다시금 깨달음을 얻으면서 내일을 만들어갈 것이다. 다시 힘차게 끈기 있게 나아갈 것이다. 오 년, 십 년, 이십 년, 삼십 년, 삼백 년을 내다보고 긴 호흡으로 마라톤을 완주하여 나갈 것이다.

여러분들과 같이 책으로 대화를 나누게 되어서 기쁘기도 하고, 또

떨리기도 하다. 이 글들을 이제 독자들 앞에 내어 드리면 나는 다시 텅 비워지게 될 것이다. 처음부터 텅 빈 공간에 상하이박의 스토리를 다시 채워야 한다.

　글을 쓸 수 있는 재능이 없던 내게 글을 쓰도록 끊임없이 격려하여 주고 가르쳐준 글쓰기 선생님, 이재규 친구에게 특별히 감사를 드린다. 그는 상하이에서 '작가의 방'이라는 글쓰기 워크숍을 열었다. 10주 동안 매주 토요일 워크숍을 하면서, 매일 글 제목 하나의 숙제를 가지고 모든 회원들이 각자 글을 써왔고 에버노트에 노트북을 만들어 공유하였다. 용기를 가지고 계속 글을 쓸 수 있도록 끊임없이 멋진 댓글과 글 솜씨로 내게 응원을 해주셨던 회원들이 동행해 주어 오늘 이렇게 책의 서문을 적게 되었다. 그들이 내게 베풀어준 귀한 인연에 감사드린다.

　끝으로 지난 세월 조정래의 소설 《정글만리》의 주인공처럼 가정을 돌보지 않고 살아왔던 부실한 남편을 둔 아내에게 미안한 마음을 고백한다. 대학생이 되어 이제는 집을 떠난 아들 완진과 딸 연정에게도 미안하다. 내가 많이 부족했다. 앞으로 살아갈 세월 동안 아내와 아이들에게 늘 감사하는 마음으로 살 것이다.

CONTENTS

글을 마치며

눈물의 스타벅스

달라부쉬, 삶의 명령이 된 내 이름

사무실의 벽을 두드리며, 첫 강의의 추억

양치기 소년

사과와 오렌지

무엇을 벌 것인가?

1부

창업의 눈물,
사랑이 성공의 비결이다

눈물의 스타벅스

커피의 추억

상하이의 홍쵄루는 이곳 상하이 사람들이나 한국 사람들이 한인타운이라 부르는 곳이다. 거리를 걷다보면 온통 한국어로 된 점포가 줄지어 있음을 볼 수 있다. 한국인을 위한 식당, 호텔, 안경점, 사우나, 슈퍼마켓, 옷가게, 병원, 그리고 많은 커피숍 등이 있고 한국인이 집중적으로 거주하는 아파트 단지들이 모여 있다. 진휘루와 홍쵄루가 교차하는 사거리를 포함하여 이 작은 길에 크고 작은 커피숍이 무려 이삼십 군데는 족히 있다.

이곳에는 스타벅스, 커피빈 등도 있지만 카페베네, 카카오, 만 커피, 잇스카페 등 한국 스타일의 분위기를 느껴볼 수 있는 커피숍들도 있다. 회사와 거리가 가까운 지역이고 점심, 저녁에 손님들과 줄곧 식사를 하러 가기도 하는 거리이기도 해서 나는 요즘 이 거리에 있는 커피숍을 자주 가는 편이다.

내게는 '눈물의 스타벅스'라고 스스로 이름 지은 추억이 가끔 머릿속에 떠오르곤 한다. 아픈 기억이기도 하지만 다시 생각해보면 오히려 두고두고 이야기할 만한 낭만적인 기억이기도 하다. 그런데 최근에는 스타벅스에는 거의 가지 않고 한국 분이 직접 커피를 만들어 주시는 조그만 커피숍인 잇스카페를 자주 이용하고 있다. 이곳에는 특별한 경험이 있다. 돈을 벌기 위한 목적으로 커피숍을 연 것 같지 않아 보이는 곳이다. 커피를 좋아하고 사람들을 좋아하는 분들이 경영하는 곳, 커피와 함께 늘 밝은 미소를 선사해주시는 곳이다.

MBC 기자로 오랜 세월 근무해온 김상운 씨가 쓴 《왓칭》이라는 책에는 커피를 마시는 머그잔의 이야기가 나온다. 사랑의 마음으로 선물한 머그잔에 커피를 담아 마시면, 똑같은 커피인데도 다른 잔에 마실 때보다 커피 맛이 더욱 좋다는 내용이다. 정말 그럴까? 반복되는 실험을 통하여 낸 결론은 같은 커피인데도 바람, 희망, 기도, 사랑의 마음 등으로 어루만진 머그잔에 커피를 담으면 향이 더욱 살아나고 더 맛이 있다는 것이다.

주인의 친절한 마음, 순수한 마음이 담긴 커피는 기계적인 움직임으로 커피를 만드는 프랜차이즈 커피와는 질적으로 맛이 다를 수밖에 없다. 커피는 단순히 음료를 마시는 것에서 그치지 않는다. 커피를 마시기 위해 카페에 가는 일, 매장에서 흐르는 음악과 인테리어 등 카페의 전체적인 분위기와 함께 어우러져 커피를 마시는 일, 게다가 함께 간 상대와 나눈 대화까지. 이 모든 게 실은 카페가 하는 역할일지도 모른다.

다시 말해 커피를 마시는 행위는 커피를 마시는 자기의 마음과 커피숍이 공명하는 교감을 마시는 것이라고 볼 수 있다. 잇스카페에 간 이후로 스타벅스는 더 이상 내게 커피 마시는 즐거움을 제공하지 못했다. 스타벅스라는 카페와 나의 교감을 전혀 느낄 수가 없기 때문이다. 그럼에도 불구하고 내게 스타벅스는 다소 상징적인 의미를 지니고 있다.

지금은 스타벅스와 유사한 매장 인테리어와 스타일로 영업하는 브랜드 커피숍이 아주 많이 있지만 중국 상하이의 커피문화는 스타벅스가 초기 시장을 주도했다. 일부 대만 브랜드 점포들이 중국 시장에 초기에 진입하여 있었지만 이들 점포의 주인이나 점원들 자신들은 커피를 좋아하지도 않고 커피를 아예 마시지 않거나 커피 맛을 모르는 사람들인 것으로 보였다. 중탕한 한약처럼 쓰기만 하고 향도 없는 커피를 팔면서 중국식 패스트푸드 식사를 판매하는 점포들로밖에 안 보였다.

이때 즈음 나는 수많은 브랜드 커피숍의 빅 트렌드를 만들어낸 스타벅스 매장에 들러서 커피를 마시기 시작했다. 물론 특별히 스타벅스의 커피가 가장 맛있다고 생각되어 그곳을 자주 간 것은 아니었다. 스타벅스의 창업스토리와 주장하는 내용에 관한 책을 읽고 영감을 받았기 때문에 자연스럽게 자주 가게 된 것이다.

스타벅스는 커피를 파는 것이 아니라 스타벅스 매장에 들러 커피를 마셔본 경험을 판다고 이야기하는 '스타벅스가 주장하는 메시지'가 좋게 보였기 때문이었으리라. '언젠가 나도 이렇게 브랜드 커피숍을 창업하여 중국 곳곳에 프랜차이즈로 사업을 하고 싶다.'라는 꿈을 조심스레 키우고 있던 때였다.

기러기 생활

중국에서 주재원으로 12년 반을 근무하던 해, 갑작스런 인사발령으로 인해 2008년 여름에 한국 본사로 귀임하게 되었다. 아이들 모두 상하이에서 학교를 다니던 상황이었으므로 나는 가족들을 상하이에 두고 홀로 한국으로 들어왔다. 어쩔 수 없이 두 집 살림을 시작하게 된 것이었다. 본사가 삼성동에 있었기 때문에 근처에 있는 8평 남짓한 오피스텔을 구해서 출근을 시작했다.

두 집 살림을 하게 되면 가정에 들어가는 비용 역시 두 배로 들어갈 수밖에 없었다. 한 사람의 벌이로 상하이와 서울 두 곳으로 나뉘어 생활하는 것으로 인해 정신적인 스트레스가 심했다. 더욱이 아들이 상하이에서 학업을 마치면 미국으로 유학을 가야 할 사정이었다. 미국의 사립대학은 학비만 연간 6만 달러라는 점, 게다가 9학년인 딸도 미국으로 유학을 보내야했기 때문에 혼자서 직장 다니면서 받는 급여만 가지고는 턱없이 부족했다. 재정적으로 마이너스 생활을 할 수밖에 없는 상황이 빤히 내다보였다.

당시 내 직급이 본부장이었던 탓에 회사에 출근을 하는 평일에는 돈 문제로 골몰하는 짠돌이라는 이미지로 보이고 싶지 않아 품위유지비를 지출할 수밖에 없었다. 그러나 퇴근 후, 또는 주말 같은 홀로 있는 동안에 돈을 쓰기란 부담스럽기 그지없었다. 일례로 오피스텔 부근 강남 사거리에서는 혼자서 간단히 김치찌개 1인분을 먹는 데도 족히 7,000원은 필요했다. 5,000원으로 밥 한 끼 먹을 식당을 찾기가 쉽지 않았다.

아이들의 대학 학비를 생각하면 답답한 중압감이 밀려와 호주머니에서 돈을 꺼내는 것이 두려워졌다. 정말 내 처지가 궁상맞게 보였다. 참담한 마음을 뒤로 하고 돈을 쓰지 않기 위해서 주말에는 가급적 오피스텔에서 혼자 밥 해먹고 책만 보는 기러기 아버지의 생활을 지속해갔다.

그러다보니 한 잔의 커피를 마시는 일도 내게는 사치품처럼 느껴졌다. 남편과 아버지로서 가정 경제에 대한 책무와 자식의 미래를 생각하자 쌈짓돈마저도 쉬이 쓸 수가 없게 된 것이다. 중국 상하이에서 사무소장, 지사장을 지내고, 스촨성에서 연매출 2천억 원 규모의 제조 법인에서 총경리를 하던 시절에는 커피 한 잔에 이렇게 쩔쩔 매던 일이 없었으니 자괴감마저 들기 마련이었다.

그해 가을 아들은 미국 대학에 조기 지원을 했고 12월에 스탠퍼드 대학으로부터 EARLY ACTION으로 합격 통보를 받게 되었다. 통보를 전해들은 날이 토요일이라 나는 안양에 사는 고모 댁에 가던 참이었다. 상하이에 있던 아내로부터 전화로 소식을 전해 듣고 안양까지 어떻게 운전했는지 모를 만큼 기분이 좋았다. 도로 위에서 운전을 하는 것이 아니라 구름 속을 날아다니는 기분이었다.

아들의 명문대 합격 소식을 여기저기 마음껏 자랑하고 회사 직원들로부터 축하를 받고 싶었으나 주말이라 혼자 있는 것이 야속하기만 했다. 그러면서도 한편으로는 학비가 만만찮다는 게 이내 마음에 걸리기 시작했다. 해마다 6만 달러 정도의 학비와 생활비를 합치면 8만 달러는 족히 필요했다. 막연하게 상상만 했던 자녀들의 학비문제가 막상 닥치고 보니 숨이 턱 막힐 지경이었다. 학비를 만들어야 한다는 강박 때문에 두뇌의 기능이 마비되는 것 같았다. 가슴에는 돌덩어리가 호흡을 가로막고 있는 것 같은 답답함, 눈앞이 깜깜해지는 기분이 엄습해왔다.

아들의 기쁜 소식이 내게 중대하고도 과감한 결단과 행동을 촉구했다. 이렇게 불쌍하게 주저앉을 수는 없다. 커피 한 잔도 머뭇거릴 만큼 나약한 상태에서 벗어나야만 했다. 20년 동안 앞만 보고

달리던 차량, 회사에서 인정받는 것에 도취되어 그냥 하루하루를 아무 생각 없이 브레이크가 고장 난 줄도 모르고 콧노래를 부르며 고속도로를 달리던 차를 세워야만 했다. 나는 회사를 떠나기로 결심을 하고야 말았다.

애증의 커피

서울에서의 회사 생활을 정리하고 나는 상하이로 돌아와 창업을 준비했다. 회사를 다니는 동안 실질적인 창업 준비를 하지 않았었기에 초반에는 당황스러웠다. 어떤 아이템을 취급해야 하며, 공급상과 바이어도 없는 상황에서 어디서부터 시작을 해야 할지 막막하기만 했다. 수출영업으로 오랜 직장생활을 한 경험이 있기 때문에 노트북 하나면 무역을 할 수 있다는 자신감만 갖고 홀로 서기를 감행했지만 시작은 더없이 미미했다.

한때는 상하이 주재원으로 사무소장도 하고, 총경리의 직책을 수행하던 잘 나가는 회사원에서, 이제는 남들이 뒤에서 수군거리는 대상으로 전락되었다. 퇴사 전까지만 해도 조직 내의 직위 때문에 나를 인정해주는 것 같았던 동료와 후배들도 이제는 나를 불쌍하고 안쓰럽게까지 생각하는 것 같았다. 심지어 나 역시도 스스로 그런 자괴감에 사로잡혔다. 그런 내게 남은 것은 오로지 "죽지 않겠다.

반드시 일어나겠다."는 비장한 각오뿐이었다.

가진 종자돈을 아껴야했기 때문에 회의실도 없는 조그만 사무실을 임대하고 일을 하기 시작했다. 10명이 창업을 하면, 1년 이내에 몇 명이 망하고, 또 3년 이내에 남은 사람들 중 몇 명이 또 망해서, 최종적으로 창업에 성공하는 것은 2명 정도에 불과하다는 식의 공포를 조성하는 말들이 수도 없이 나를 협박하며 비수처럼 꽂히던 시절이었다. 빈손, 빈 마음, 빈 호주머니처럼 나의 마음은 더욱 가난해져만 갔고, 오기로 정신을 가득 채운 상태로 하루하루를 고군분투해야만 했다.

처음 얻은 사무실은 상하이의 우종루와 완웬루가 교차하는 사거리 근처에 있는 건물에 있었다. 회사 건물 근처에 스타벅스가 있었다. 출퇴근을 하려면 늘 스타벅스 매장 앞을 지나야 했다. 회사를 설립하면서 내게는 두 가지를 끊겠다는 결연한 다짐이 있었다. 바로 골프와 커피였다. 카페에 앉아 여유를 즐기며 마시는 커피 말이다. 내게 골프를 치는 것과 카페에서 커피를 마시는 것은 사치라고 생각했기 때문이다. 그렇게 늘 스타벅스를 지나치며 나는 인스턴트커피만 줄곧 마셨다. 사무실에서 인스턴트커피를 마실 때마다 주문을 외듯, 나는 여유를 즐길 입장이 아니라고 생각하면서 말이다.

사랑은 쉽게 원한으로 변한다는 말이 있듯 스타벅스는 점점 애증의 대상이 되어갔다. 마시지 않겠다고 생각할수록, 마시고 싶은 생각을 억누를수록 반발심은 더욱 강해졌고, 그럴수록 그 유혹을 더 세게 내려 누르느라 마음에 골병까지 들기 시작했다. 혹자는 커피 한 잔에 너무 많은 의미를 부여한다고 생각할 수 있다. 하지만 내게는 참으로 어려운 일이었다.

《마시멜로 이야기》라는 책이 있다. 미국의 호아킴 데 포사다와 엘런 싱어가 쓴 책으로, 시리즈로도 출판되어 한국에서도 베스트셀러가 되었던 책이다. 마시멜로는 어린이들이 좋아하는 과자이다. 이 책은 '지금의 만족을 유예하는 것'을 마시멜로에 비유하여 미래의 더 큰 지속적인 성공을 만들어낼 수 있음을 가르친다. 내게 스타벅스는 마치 마시멜로처럼 느껴졌다. 이제 더 이상 스타벅스는 내게 단순한 커피가 아닌, 사업자로서의 내 위치를 반영하는 상징물이 되어버린 것이다.

다시, 시작하다

창업한 다음 해인 2009년 여름, 비가 많이 내리던 어느 날이었다. 일요일에도 출근을 하고는 텅 빈 사무실 책상에 앉았다. 창밖으로 비가 장대처럼 내렸다. 비가 창문을 두드리는 소리가 내 마음을 거칠게 울려놓았다. 일요일, 텅 빈 사무실, 텅 빈 메일 박스. 업무 특징상 메일이 주된 비즈니스 교류 방식이다. 즉 새로 도착한 메일이 많을수록 좋은 법. 그러나 그날은 사무실도, 메일 박스도 모두 텅 비어 있었다. 그러다 나는 문득 어떤 생각이 떠올랐다.

직원과 사장이 다른 점이 있다면 직원은 일이 없으면 퇴근을 하고 쉴 수가 있지만, 사장은 일이 없으면 불안해지고 되레 일을 만들기 위한 일을 또 해야 한다는 점이다. 일요일에 집에서 쉬지 않고, 가족과 함께 단란한 시간을 보내지 못하고, 생존을 위해, 회사에 나와야 하는 것이 바로 사장이란 직함의 위치였다. 설립한지 고작 1년이 좀 넘었던 때라 회사의 생존여부는 불투명했다. 미국에 유학 중인 아들은 그제야 초년생 티를 막 벗었을 때였다. 나는 일이 없어도 굳건히 자리를 지키는 사장의 위치를 떠올렸다. 텅 비어 있다면, 채울 수 있는 것 또한 온전히 나만이 할 수 있는 일이었다. 나는 다시 살아내야 했다. 채워 넣어야 했다.

그런 생각을 끝으로 큰 결심을 한 채 건물 밖으로 나갔다. 빗속을 뚫고 달려가 스타벅스 커피 한 잔을 사곤 다시 사무실로 돌아왔다. 빗소리와 어울리는 음악을 틀어놓고는 커피를 들이켰다. 실로 오랜만에 마시는 스타벅스 커피였다. 창문을 세차게 두드리던 빗줄기, 멜랑콜리한 보이스의 음악, 텅 빈 사무실. 빗물은 점점 눈물로 변해가고 있었다. 그날 나는 홀로 마음을 치유하고 가다듬었다. 사장으로서의 나의 책임감을 오롯이 느낄 수 있던, '눈물의 스타벅스' 스토리가 이루어진 것이다.

언젠가 상하이에 있는 한국문화원에서 유학중인 한국대학생들에게 창업스토리를 주제로 강의를 한 적이 있다. 그날 나는 마시멜로와 스타벅스 이야기를 빗대며 창업을 하는 초기의 마음가짐에 대해 말해주었다. 당장의 만족을 뒤로 미루는 것, 관심을 정리하고 단순하게 가지치기를 하는 것, 관계를 단순화하는 것 등을 한 장의 프레젠테이션 페이지에 담아 열정적으로 강의했다. 눈물의 스타벅스에 대해서 학생들에게 이야기를 할 때, 마음속이 아릿해졌다.

아직도 나는 커피를 마실 때마다 종종 떠올린다. 한 잔의 커피 속에 담긴 나의 이야기. 사무실에 앉아 있는 직원들을 보면서 사무실 공간을 커피 잔이라고 생각해보았다. 한 잔의 커피에도 스토리가 있듯이 사무실 공간 가득 감동의 스토리를 채워나갈 것이라는 다짐도 해보면서.

달라부쉬,
삶의 명령이 된 내 이름

아프리카에서 온 메일

몇 해 전 미국으로 유학을 떠난 조카로부터 받은 한 통의 메일을 두고두고 기억하고 있다. 서울대학교에서 화학을 전공했던 조카는 한국의 마담 퀴리가 되겠다는 꿈을 가진 젊은이이다. 부모에게 의지하지 않으려고, 기업체에 본인의 꿈을 프레젠테이션 하여 한국의 모 기업으로부터 석, 박사 장학금을 받아서 미국의 일리노이 대학으로 유학을 떠난 지 얼마 되지 않았던 때였다.

조카는 아프리카의 질병을 연구하여 가난과 질병에 시달리는 인류의 삶을 더욱 좋아지게 만들겠다는 꿈을 가지고 있다. 박사 학위를 받아서 대학의 교수가 되고 싶은 꿈이 아니라 사랑이 넘치는 비전을 이야기하는 조카가 있다는 것이 개인적으로 큰 행복이 아닐 수 없다. 아래는 조카가 보내온 메일 내용이다.

「달라부쉬(Dollar Bush)는 잎이 1달러짜리 동전 모양처럼 생겼다고 붙여진 이름이에요. 잎을 보면 누워있는 것이 아니라 세워져 있어요. 이것은 한쪽에서는 햇빛을 받지만, 다른 한쪽은 햇빛을 피할 수 있도록 한 모습이래요. 잎 하나하나를 자세히 보면, 수분을 저장하고 있어서 약간 통통한 모습을 볼 수 있어요. 그래서 잎을 짜보면 정말 물이 나와요. 우리가 예쁘다고 생각하는 꽃들이나 멋있는 나무들에 비하면 정말 볼품없는 모습을 하고 있었어요. 그런데 각자 자기가 살아가는 방식이 있더라고요. 사막이라는 열악한 환경에서 말이에요. 그런데 사막에 홀로 서 있는 것 같았던 달라부쉬는 혼자 사는 것이 아니었어요. 달라부쉬는 다른 동물들에게 수분을 공급하고 있었고, 다른 곤충들과 뱀들의 서식처가 되는 등, 달라부쉬 안에서 한 생태계를 이루고 있는 것을 볼 수 있었어요. 예쁘지는 않지만, 자신이 가지고 있는 것을 활용해서, 가장 "자기답게" 주변에 "선한 영향력"을 미치고 있는 모습을 보았습니다. 우리가 가진 잠재력과 재능들을 충분히 활용해서 "가장 나답게" 이 세상에 "선한 영향력"이 되는 것이 "진정한 성공"이 아닐까라는 생각을 했어요. 현대 사회가 요구하는 대로, 소위 말하는 성공 조건들에 나를 맞추는 것이 아니고요.」

이름의 발견

한국 전쟁이 끝나고 이제 겨우 십 년이 지난 시절, 정부는 부패했고 무능했다. 국민들은 못 살겠다고 아우성을 치던 시절이었다. 한국의 경제가 북한 보다 먹고 살기가 더 어려웠던 때라 시골에서는 그 가난의 정도가 더욱 심해서 보릿고개라는 말이 나왔다. 풀뿌리 나무껍질로 끼니를 때우던 가난했던 나라인 한국, 1960년대 초반에 전북 익산의 변두리 농촌 마을에서 어머니를 무척 힘들게 하고 태어난 아이가 있었다.

열 달이 지나면 세상 밖으로 나와야 하는데, 이 아이는 엄마의 모태를 떠나기가 아쉬웠는지 열두 달을 버티고서야 태어났다. 가난했던 때라 농촌에서 제왕 절개 수술을 한다는 것은 상상할 수 없는 일이었다. 엄마의 배 속에서 두 달 동안 더 있었으니 다른 갓난아기들과는 달리 눈이 살에 묻혀 안 보일 정도로 포동포동했다. 살집이 넉넉하신 엄마를 닮아서인지 아이는 남다르게 몸집을 키우며 자라났다. 그 아이가 바로 나다.

어릴 때 친구들이 놀리던 기억이 많다. 이런저런 별명으로 놀렸겠지만 가장 기억에 남는 별명은 '보리뚱땅'이었다. 큰 몸집을 가지고 태어나다 보니 보는 사람마다 뚱뚱한 아이라고 놀렸다. 주변의 놀림으로 인해 나는 성격이 점점 내성적이 되어 갔다. 어른이 된 지금, 주변인들에게 내가 원래 무척 내성적이었다고 말하면 믿을 사람이 없겠지만, 내 어린 시절은 친구들과 어울리지 못하고 겉도는 아이였다. 이런 와중에 부모님은 아이를 일찍 초등학교에 입학시켰다.

어린 시절에 1년 차이는 체격, 체력, 지적 능력 등 여러 차원에서 성장 정도에 무척 큰 차이가 있다. 운동회에서 달리기할 때는 매번 꼴등을 하고, 학교 성적은 같은 반 예순 몇 명 아이들 중에서 거의 꼴등에 가까웠다. 나는 친구와 노는 것보다 집 처마 밑에서 꾸벅꾸벅 졸고 있는 때가 더 많았었다.

어느 날 학교에서 집으로 돌아오는 길이었다. 집 근처에는 호남선 철길이 있었다. 집으로 가기 위해 철길 아래로 걸어가던 그 순간, 갑자기 번갯불이 번쩍이듯이 내 이름 '상윤'이라는 두 글자가 확 떠올랐다. 한자로 서로 상(相) 윤택할 윤(潤)을 쓰는 이름의 뜻을 곰곰이 곱씹었다. 진정 좋은 의미를 품고 있다는 생각이 들었다. 나는 이름을 지어준 아버지께 진심으로 감사하는 말을 몇 번이고 속으로 했다.

인생의 가치관이 무엇이냐, 무엇을 위해서 이 삶을 살아가야 하느냐 등의 화두를 생각하기 시작하던 사춘기 시절이었다. 뚱뚱한 몸매 때문에 주눅 든 채 자신감 없이 살던 아이가 자기 이름에 대한 의미를 깨닫고 그것이 자신의 운명이라고 생각한 것이다. '할아버지께서 손자가 상윤의 세계, 모두가 서로 잘 사는 세상을 위해서 살아가라고 이름을 지어주셨구나!' 라는 깨달음을 얻는 희열의 순간이었다.

이름을 놓치고

대학을 졸업하고, 결혼하고, 직장 생활을 열심히 하고, 골프도 하고, 술도 마시고, 이렇게 살면서 오랜 세월 동안 상윤이라는 이름, 할아버지께서 어린 손자에게 이름을 지어 주실 때 소망하셨을 그 깊은 뜻을 잊어버리고 살았다. 내 이름은 그냥 박상윤이었지, 더 이상 깊은 의미가 있는 이름이 아닌 게 되었다. 그냥 모 대기업에 다니는 누구, 누구의 남편, 누구누구의 아빠, 누구의 아들, 나를 알고 있는 사람들이 나를 타인과 구분하여 인식하고 나를 부를 때 사용하는 이름에 불과한 것으로 변해갔다

해외 주재원으로 생활을 하다 보면 자신의 향후 입지에 대해서 자주 고민을 하게 된다. 상하이 주재원으로 근무한 지 거의 만 5년이 다 되어가던 즈음, 주재원이 통상적으로 근무하는 5년 정도의 임기가 거의 끝났으니 본사로 인사 발령을 받아서 한국으로 돌아가고 싶다고 생각하였다. 그러나 뜻하지 않게 상하이 주재원으로 10년 넘게 계속 근무하게 되었고, 시간이 익숙해지니 서울보다는 상하이에 남고 싶다는 생각이 들었다. 한국에 돌아가 다시 한국 생활에 적응하는 것보다는 계속 살아온 중국이 더욱 편하게 느껴졌기 때문이기도 했지만, 아들과 딸이 한국으로 전학을 가서 과연 잘 적응할 수 있을지 걱정이 되었다. 지금 다니는 학교에 계속 다닐 수 있게 해 주고 싶은 마음이 가장 큰 고민의 이유였다. 자식들의 교육 문제가

없었다면 본사로 들어가서 계속 근무를 하더라도 문제가 없었을 것이다. 많은 주재원 아빠들의 고민도 나와 비슷할 것이라고 생각한다.

해외 주재원들은 한국 본사로부터 어느 날 갑자기 본사에서 근무하도록 인사 발령을 받으면 어떻게 해야 되나 하는 고민을 하는 경우가 적지 않다. 많은 주재원들이 누구나 통과의례처럼 겪어야 하는 문제이기도 하다. 나 역시 만약 어느 날 본사 귀임 발령을 받으면 회사에 사표를 내고 상하이에서 개인 회사를 창업하여 사업을 할지, 본사로 들어가서 상무로 승진하고 또 전무로 승진하고 그렇게 임원이 될 때까지 열심히 근무할지 많은 고민을 했다.

다시 찾은 이름

2008년 초에 다니던 회사를 그만두고 창업을 시작했다. 회사를 설립하기 위해서 가장 먼저 해야 할 일은 상하이 공상국에 회사 이름을 신청하는 일이다. 공상국은 신청한 회사 이름을 예비 심사하여 다른 기업이 이미 같은 이름으로 등록했는지를 심사하고, 다른 기업이 사용하고 있다면, 새로운 이름으로 예비 심사할 것을 요구한다.

회사 이름 후보를 신청하면서 '상윤'이라는 이름을 사용하고 싶기도 했지만 왠지 본인 이름을 그대로 본 따 만든다는 것이 쑥스러웠다. 그래서 내 이름과 비슷하게 발음되는 이름, 가령 상운祥雲(길할 상, 구름 운)과 같은 이름 몇 개를 신청했다. 무려 8개의 이름을 신청했는데, 불행하게도 이미 사용 중이어서 전부 거절되었다. 어쩔 수 없이 '상윤'이란 이름으로 공상국 심사에 재도전해 보았다. 신기하게도 많은 이름들 중 오로지 '상윤'만이 사용 가능하다고 심사 결과를 통보해 주었다. 나는 신의 뜻이 작용한 것이 아닌가 하는 생각이 들었다.

'신의 뜻인가? 아니면, 내가 예전에 상상해보았던 그 상상의 힘이 작동한 것인가? 아니면 큰 며느리를 죽어라 고생시키며 태어난 손자에게 할아버지께서 내린 운명의 명령이 아직 유효 기간을 넘기지 않은 것인가?'

이렇게 내 이름으로 회사를 설립 신청을 해서 그 해 3월 27일 자가 찍힌 영업집조(한국의 사업자등록증)를 받았다. 회사가 설립된 것을 알리기 위해 명함을 만들고 여기저기 지인들에게 알려야 했다. 첫 명함을 디자인하면서 스스로 만든 로고 밑에 'For mutual welfare dream'이라는 문구를 넣었다. 내 이름 석 자이자 회사 이름이 뜻하는 것이 곧바로 회사의 핵심 경영철학이라는 메시지를 나타내기 위한 문구였다. 서로 윤택해지는 세상을 위해서 살아라. 이렇게 소망하며 이름을 지어준 할아버지의 깊은 뜻을 생각하면서 명

청하고 내성적이었던 중학교 1학년 시절, 문득 이름의 뜻을 생각해 내었던 그 무네미 입구 호남선 철길 아래를 떠올리며, 나의 경영 철학을 빠른 속도로 정리해 갔다.

어느 날 항저우에 있는 큰 그룹 회사, 용성그룹(永盛集团)의 동 사장인 리청(李诚)이라는 중국 친구로부터 전화가 왔다. 친구 딸의 결혼식에 참석하러 상하이에 왔다가 내 얼굴을 보고 싶다고 홍차우루(虹桥路)에 있는 시쟈오 호텔(西郊酒店)로 올 수 있느냐는 전화였다. 비가 오는 추운 날 밤, 이제 막 회사를 퇴사하고 스스로 독립을 하고자 하던 때, 마음은 겨울비보다 더욱 썰렁하기 그지없던 날에 그를 만나러 갔다.

그는 내가 막 설립한 회사의 사무실을 가보고 싶다고 했다. 그를 데리고 사무실에 갔다. 썰렁한 방, 아직 사무 집기도 제대로 갖추어지지 않은 방에 앉았는데, 그가 내게 물었다. 사무실을 이제 막 차렸으니 아직 준비하지 못한 것들, 필요한 것 있으면 말하라고 했다. 친구로서 개업 축하 선물을 해주겠다는 것이다. 나는 그에게 서예 한 점을 표구해서 선물로 주면 벽에 걸어놓고 싶다고 이야기했다. 그 친구는 기꺼이 그렇게 하겠다며 준비해 놓을 테니 4월 초에 자기 회사에 오라고 했다.

4월 초, 회사의 첫 직원인 회계 담당 왕지에와 같이 항저우(杭州) 샤오샨(萧山) 구에 있는 용성 그룹의 중국 친구 리청 동사장을 방문하러 갔다. 본사 동사장실(회장실)에 도착해 차를 마시면서, 왕지에를 소개하고 몇 마디 나누는데, 리청 동사장이 나를 보면서 모두 박총(중국에서는 사장을 총경리라 부르는데, 보통은 성씨 다음에 총을 붙여서 간단히 호칭함)을 기다리고 있으니 어서 회의실로 가자고 말했다. 회의실에 들어가니 용성 그룹 내의 모든 자회사 사장단(총경리들)이 전부 모여 있었다. 중국 친구의 일장 연설이 시작했다.

"박총과 처음 만날 때, 나 리청은 샤오싱(绍兴)의 경방성(轻纺城 , 지금은 세계에서 가장 큰 직물 거래 시장)에 작은 직물 가게를 하고 있었고, 샤오샨(萧山)에 조그만 사무실을 두고 있었다. 그로부터 십 몇 년이 지난 오늘 우리 용성 그룹은 자회사가 10여 개가 넘는 그룹이 되었다. 우리 그룹의 염가공 공장, 화섬 공장이 있기에는 박총의 도움이 무척 컸다. 그 박총이 이제 직장 생활을 마치고 창업을 했다. 지금은 우리가 박총을 도와주어야 할 때이다. 여러분 각 회사에서 박총을 어떻게 도와줄 것인지 생각해보아라."

그의 일장연설을 듣자니 그 자리에서 쑥스럽기도 하고 감동을 받아 몸 둘 바를 몰랐다. 지난 십이 년의 중국 생활, 한국의 대기업의 중국 주재원으로 헛되이 시간을 보내지 않았구나 하는 생각도 있었지만, 그것보다 나를 믿고 대우를 해주는 리청 동사장의 인품에 매료되었다.

그날 회의에 참석한 사장단 전부와 같이 저녁 식사를 하는데, 총경리들 가운데 한 사람이 나와 같이 일하는 회계 담당 왕지에에게 혹시 필요한 지원이 있으면 서슴없이 말을 하라고 이야기했다. 왕지에는 그 친구에게 지금 구매하여 판매할 오더가 있긴 한데 아직 세무국 등기 수속이 끝나지 않아서 한국으로부터 자본금 송금 납입이 안 되었다고 설명했다. 더구나 세무국으로부터 증치세(한국은 부가가치세라고 한다) 영수증을 발급할 수 있는 일반납세자 허가를 받으려면 두어 달을 더 기다려야 해서, 아직 영수증을 발급을 못 하기 때문에 정상 거래를 하기 어려워 안타깝다고 이야기했다. 그러자 리청 회장이 용성그룹 내의 진출구회사(무역회사)의 총경리인 리총화 사장에게 박총에게 돈을 빌려주라고 하면서 박총 회사가 증치세 영수증을 발급할 권한을 받을 때까지 대신 도와주라고 지시를 했다. 리총화 총경리는 선뜻 기꺼이 그렇게 하겠다고 대답을 해주었다. 실제 이날의 만남으로 아무런 차용증 한 장 쓰지도 않았지만 70만 인민폐를(한화 약 1억 2천만 원) 약 두 달 동안 빌려 쓸 수가 있었고, 영수증을 발급할 수 없던 몇 개월 동안 재정 문제를 해결하여 주었다.

저녁을 같이 먹는 동안 직원 한 사람이 큰 표구를 가지고 들어왔다. 표구를 보면서 "상윤, 두려워하지 마(不要怕), 당신은 잘할 수 있어(你完全可以的)."라고 중국 친구는 말했다. 리청 동사장이 자리에서 일어나 내게 정식으로 서예 표구를 증정했다. 내 이름 두 글자,

상윤을 가지고 저쟝성(浙江省)의 유명한 서예가에게 의뢰하여 글을 쓰고 표구한 것이라고 했다. "상득익장, 윤택사방", 여덟 자로 되어 있었다. 상득익장(원래는 상득익창 相得益彰이 정확한 표현)이라는 말은 "서로 협력하고 보완하면 각자의 능력이나 장점을 더욱 잘 돋보이게 할 수 있다."라는 뜻이다. 표구에 쓰인 글을 전체적으로 풀이하자면 "서로 협력하고 각자의 능력을 더욱 발휘하여, 세상을 풍요롭고 살기 좋은 곳으로 만들자."라는 뜻이다. 지금 이 표구 액자는 회사 회의실에 걸려 있다. 그리고 우리 회사의 기업 정신, 기업 문화의 기본 정신이 되었다.

지난 삶을 생각하면 왜 그렇게 철없이 살아왔는지, 자신의 이름조차 잃어버리고 살아왔는지 후회가 되어 낯부끄러울 때도 더러 있었다. 이름의 참뜻을 인지하지 못하고 오랜 세월을 방황했고, 그렇게 나이를 먹어갔다. 지난 삶의 첫날로 다시 돌아갈 수도 없고, 타임머신을 타고 지난 세월로 돌아가 삭제할 부분을 지우개로 지워버리고도 싶지만 삶의 희로애락, 그 어느 것 하나도 건드릴 수가 없다. 나를 아는 사람, 가장 가까이에 있는 사람들조차 내 과거를 보기 좋게 다듬어줄 수 없는데 내가 어떻게 지난 삶을 수정할 방법을 찾겠는가? 과거를 반성하고, 참회하면서 살고 살아도 아픔은 더 큰 아픔이 될지언정 상흔을 없앨 수는 없는 일이다.

그러나 삶은 전후반전으로 나뉜 게임이라고 생각한다. 삶이 백 살까지 허락된다면 나는 이제 전반전을 막 마쳤다. 전반전에는 몸이 풀리지 않아 굳어 있었고, 전략 실패로 경기를 졌다. 그렇다면 지금은 하프타임이다. 이제 다시 찾은 내 이름으로 제대로 된 전략을 만들어야만 할 것이다.

창업 전까지 '상윤'이란 이름은 그저 나와 타자를 구분하고, 주민등록증이나 각종 증빙서에 나라는 사람을 생물학적으로 구분하는 명명, 타인이 나를 부를 때 쓰이는 것에 불과했었다. 그러나 회사를 설립하고 나서부터는 '이름'에 더 집중하게 됐다. 내가 이 세상에 태어난 이유, 그리고 어떻게 살아가야 하는지, 세상을 떠나는 마지막 순간까지 무엇을 위해 살아가야 하는 등지의 일종의 '소명의식'이 생겨난 것이다. 나는 내 이름이 내게 부여해주는 삶처럼 살아가야 한다. 세상에 태어나 처음으로 불리어진 이름을 운명처럼 받들면서 실천하려는 삶이야말로 나의 '소명'이 아닐까.

아프리카에서 조카가 보낸 메일 속 아름다운 말처럼, 추해 보이는 모습일지라도, 능력이 모자랄지라도, 주변에 선한 영향력을 미치면서 살고자 한다. 나 혼자만을 위하여 살면서 다시 내 이름을 잊어버리지 않도록, 세상을 위하여, 주변을 위하는 삶을 살면서 이름이 건네준 준엄한 명령을 실천하면서 살고자 한다. 창업한 상윤무역, 이 안에서 아름다운 생태계가 이루어지도록 나는 흙이 되고, 물이 되고, 그리고 나 자신의 주장과 이익 그 어느 것조차도 잊어버리는 '무위'를 통해서 세상이 좀 더 나아지게 하면서 살아갈 것이다.

chapter 3

사무실의 벽을 두드리며,
첫 강의의 추억

나의 인생, 나의 선택

2012년 9월 24일은 내게 큰 의미가 있는 날로 기억된다. 인생에서 처음으로 회사의 직원들이나 거래처 고객이 아닌 일반 대중을 상대로 내 이야기를 꺼내며 강연을 하게 된 날이기 때문이다.

그날 나는 '나의 인생, 나의 선택'이라는 제목으로 강연을 했다. 재상하이 한국 IT기업 협의회, 재상하이 한인여성기업인 협의회, 이 두 단체가 연합하여 주최한 강연회였다. 해마다 이와 같은 강연회를 정기적으로 진행할 예정이라고 하는데, 첫 해 강연회의 강사로 초청을 받은 것이다. 이 모임에서 강연을 하기 이전에는 앞의 두 단체와 전혀 교류가 없었고 단체가 존재하지도 잘 몰랐다. 나를 강사로 초청한 IT기업협의회 고재수 회장과는 강의가 있기 며칠 전 처음으로 안면을 트고 대화를 나누었는데 그분의 말씀을 듣다보니 인문학적인 조예가 깊고 낭만을 즐기는 분이라는 느낌이 들었다. 참석하게 될 청중들은 삼십대 이후의 기업인들이라고 했다.

9월 초, 중국 고객과 상담을 하기 위해서 난징(南京)에 출장을 간 적이 있다. 상담을 마치고 고객과 점심을 먹게 되었다. 낮 시간인데도 알코올 농도가 52도가 되는 중국의 독한 바이주(白酒)를 마시며 한담을 나누었다. 한참 분위기가 고조되어 웃고 마시며 즐기고 있던 참에 하이톤 호텔 3층에 있는 한국 식당 한마당 사장으로부터 전화가 왔다. 고등학교 두 해 선배인 한마당 사장은 9월 말에 개최되는 모임에 강사로 나를 추천했다면서 강의를 해보라고 말했다. 한창 술을 마시고 있던 터라 엉겁결에 그렇게 하겠다고 대답을 했다. 결국 그분의 추천으로 외부 강연회의 강사로 첫 데뷔를 하게 되었다.

회사에서 한국 직원, 중국 직원들과 함께 업무와 관련된 회의를 하는 것은 중국 주재원으로 회사 생활을 하다 보면 누구나 경험을 하는 일이다. 내가 다녔던 한국의 대기업은 중국 쓰촨성 쯔공시(四川省自贡市)에 2003년 초부터 대규모 화학섬유 공장을 투자하였다. 2년 가까운 긴 시간 동안의 건설, 시가동, 시생산 등을 마치고 정식 생산 판매가 시작되는 2005년 1월에 회사로부터 이곳의 총경리 직책을 맡도록 인사 발령을 받았다. 상하이 지사장으로 근무를 하다가 이제 스촨성 쯔공시로 근무지를 옮기게 된 것이다.

쯔공시는 상하이에서 비행기로 청두(成都)까지 3시간 정도 날아간 다음 청두 공항에서 다시 자동차로 2시간 반을 더 가야 도착할 수 있는 내륙의 도시이다. 인구 350만 정도의 오래된 도시인 이곳은 공룡 화석이 대량으로 발견된 현장에 공룡박물관을 세운 공룡의 고향이라고 불리는 지역이다. 또한 천 미터 이상 땅 깊은 속에서 소금이 많이 생산되어 소금의 도시라고도 부르는 곳이다.

열 명 남짓 한국인을 제외하고 300여 명의 직원이 대부분 현지의 중국인이었다. 생산직, 관리직 직원들은 대부분 현지 쯔공시에서 채용하였다. 각 직능별, 부서별로 종업원 교육을 다양하게 진행하고 있었는데 총경리인 내가 중국 직원들을 직접 교육을 할 기회도 있었다. 공장 내의 전 중국 직원을 대상으로 한 번에 100여 명 정도씩 세 번으로 나누어 직접 중국어로 교육 강의를 했던 경험이 있다. 이때가 어떤 의미에서는 첫 대중 강연이라고 할 수도 있지만 그것은 회사 업무에 관한 교육이었지 인생을 주제로 한 멘토링 식의 강의는 아니었다.

그렇기에 첫 외부 강의는 당연히 달리 느껴질 수밖에 없었다. 차라리 중국어로 강의하라고 하면 한 번 해본 경험이 있어서 조금 덜 긴장이 될 것 같았는데, 기업을 하는 한국인들에게 한국어로 강의해야 한다고 생각하니 걱정이 앞섰다. 주제도 참 난감했다. 아직은 젊은 나이에, 그리고 인격적으로 부족한 사람이 인생이 어떻고 선택이 어떠하다고 이야기한다는 것이 주제넘은 일 같았다. 나는 그렇게 강의 날짜만 잡아두고는 막막한 심정으로 시간을 보냈다. 그러다 강의 예정일을 며칠 앞두고 한국으로 출장갈 일이 생겼다. 출장차 전주에 가 있는 동안 나는 옛 친구와 오랜만에 해후를 하게 되었다.

그와 나는 대학 시절 같은 동아리에서 활동했었다. 친구와 격포의 겨울 바다로 같이 MT를 갔던 추억이 떠올랐다. 1982년 10월로 기억된다. 바닷가 바위 위에서 사진을 찍으려 하다가 그만 발이 미끄러져 온몸이 바닷물 속으로 빠져버렸다. 차가운 겨울 바닷물을 뒤집어쓰고 사진을 찍었던 추억이 담긴 장소, 바로 그 바위로 돌아왔다. 그때 그날의 친구와 함께 꼭 삼십 년의 세월이 지난 후 추억의 장소를 다시 찾아온 것이다. 격포 바다를 지나 모항으로, 모항에서 다시 내소사로 젊은 날이었던 과거를 두런두런 떠올렸다.

삼십 년 전의 친구와 같이 있으면서 내가 살아온 지난 삼십 년을 더듬어가기 시작했다. 그동안 살아온 세월 참 세속적이었구나 하는 생각에 잠겼다. 후회와 부끄러움으로 마음과 몸이 바다 속으로 가라앉는 듯한 기분이 들었다.

대학을 졸업하고 취직하여 회사에서 인정받겠다고 살아온 지난 세월 동안 잃어버린 순수함을 생각하니 눈물이 나려고 했다. 한국의 민주화, 남북통일, 민주 시민 사회를 위해서 양심을 다하여 본인을 희생하면서까지 일관된 삶의 가치관을 견지하며 살아온 친구 옆에서 나는 무식하고, 무지하고, 너무 세속적인 사람이었다. 그동안 서로 다른 삶을 살아온 친구 곁에서 나이 오십이 되어 마음속에서 피어오르는 부끄러운 내 모습을 바라보며 회한이 깊어졌다. 눈앞에 있는 바다 속에 지난 세월을 깊이 매몰해버리고 싶었다. 순수함을 잃었던 세월 모두를 이곳 바다 속에 수장하고 텅 빈 마음, 다시 시작하는 마음만을 가지고 상하이로 돌아가고 싶었다. 그런 마음으로 모항 바닷가 벤치에 털썩 앉아 눈앞에 펼쳐진 푸른바다를 멍하니 바라보고 있자니 문득 류시화 시인이 번역한 잠언시가 파도를 타고 머릿속으로 가득하게 밀려왔다.

"지금 아는 것을 그때도 알았더라면……."

나는 한참을 파도를 지켜보며 마음을 내려놓고 치유할 수 있는 시간을 가졌다.

그렇게 마음을 달래고 돌아온 후, 나는 한국에서 가진 시간을 토대로 강연 준비를 했다. 모항 앞바다의 사진과 잠언시 <지금 아는 것을 그때 알았더라면>을 프레젠테이션 화면으로 보여주면서 강의를 진행하였다. '나의 인생, 나의 선택'이라는 제목으로 한 시간 십분 정도 강연을 하는 동안 스스로 창업해서 겪었던 스토리, 지난 삶의 회한, 미래의 꿈들에 대해서 이야기를 했다. 친구가 삼십 년 전의 추억의 장소로 데려가 주었던 덕분에 강연을 하기 위한 마음의 준비를 마칠 수 있었고, 내 인생의 첫 강의를 잘 마무리할 수 있었다.

사무실 벽을 두드려 보면

첫 강의를 한 다음 날 아침 사무실로 꽃 배달이 왔다. 한 아름의 꽃 선물 안에 엽서 카드가 있었다. "감동을 주는 강의를 잘 들었습니다. 감사합니다."라고 적은 카드였다. 전화 메시지도 받았다. 강연회를 주최한 고 회장의 전화 메시지였다. 좋은 강의였다며 내 강의 덕분에 많은 분들이 이번 강연회를 개최하기 잘했다고 말한다면서 감사의 말을 잊지 않았다. 오후에는 강의에 참석하셨던 모 기업의 사장으로부터 메일을 받았다. "오늘부터 저도 사무실 벽을 자주 두드리도록 하겠습니다."라면서 강의에 고마움을 표현하였다.

최근에 새로 협력 관계를 맺은 한국의 모 화학제품 제조업체의 마케팅 담당 임원, 연구소 임원, 영업 과장이 회사를 방문하였다. 그들은 우리 회사를 소개하는 프레젠테이션을 보고 들은 후에 어떻게 이렇게 짧은 기간에 큰 성장을 이루고 큰 사무실을 가진 회사를 이루게 되었느냐며 감탄을 섞어서 칭찬했다. 나는 "모든 것은 상상의 힘으로 이루어진 것입니다."라고 대답했다.

5년 전, 우리 회사의 첫 사무실은 50㎡ 정도의 작은 사무실로 회의실도 사장실도 없이 직원들과 하나의 공간에서 일하는 곳이었다. 나는 옆방에 있는 다른 회사 사무실을 열린 문을 통해 자주 들여다보곤 했다. '저 회사가 이사 간다면 우리 사무실을 넓힐 수 있는데'라며 혼잣말로 중얼거리기 시작했다.

그때는 직원이 다섯 명이었기 때문에 사무실 공간은 충분히 넓었다. 하지만 나는 미래에 더 늘어날 직원 수를 상상하곤 했다. 회사가 더 커지면 사람도 많아질 텐데 사무실도 넓어야하지 않을까하는 상상. 직원들이 보는 앞에서 벽을 손으로 두드리면서 벽 넘어 옆 사무실에 있는 회사가 이사를 가기를 기원하자, 옆 사무실이 이사를 가면 이 벽을 허물어 사무실을 지금의 두 배로 키우자고 자주 이야기를 했다. 옆 사무실 회사가 이사 가면 벽을 허물고, 더 넓어질 공간을 상상했다.

　그해 가을 미국 서브프라임 모기지 사태가 세계적 금융 공황, 실물 경제의 폭락을 불러왔다. 같은 층에 있던 회사들이 갑자기 하나 둘 문을 닫고 짐을 빼서 나가기 시작했다. 이사를 가는 것인지 문을 닫는 것인지 짐작할 수는 없었지만 우리 회사가 있던 층의 복도 분위기는 그때의 경제 공황 분위기를 그대로 반영했다.

　회사들이 이사를 나가는 썰렁한 분위기에서 건물 관리사무소와 협상을 진행했다. 우리 회사는 나갈 계획이 없다고 하니까 싼 임대료로 100㎡의 방으로 이전할 수 있도록 해주었다. 첫 창업 3월, 그해 12월에 50㎡에서 100㎡로 사무실을 넓힌 것이다. 그렇게 두 번째 사무실로 옮긴 후, 또다시 자주 옆 사무실 쪽의 벽을 두드리기 시작했다.

　두 번째 사무실에서 일한 지 6개월이 지났는데 건물주가 층을 바꿔 이사를 하지 않겠느냐는 제안을 해왔다. 사장실, 회의실, 재무실, 창고가 이미 갖춰져 있는 상태의 사무실이었다. 덕분에 2009년 7월 1일 다시 150㎡의 사무실로 옮기게 되었다. 금융 공황은 세계수요 시장을 크게 위축시켰고 수출업체들이 하나 둘 부도가 나고 힘들어 할 때, 우리는 운 좋게 비용을 크게 늘리지 않고, 50㎡에서 100㎡으로 다시 150㎡의 사무실로 이전을 하게 되었다.

세 번째 사무실에서 일을 시작하면서 다시 벽을 두드리는 습관을 반복했다. 오른편 사무실에는 대만에서 투자한 식품 회사가 있었고, 왼편의 사무실은 중국인이 사장인 인테리어 회사가 있었다. 다시 벽을 두드리면서 사무실을 넓히는 상상을 반복했다.

'오른쪽 대만 회사가 이사를 가면 사무실을 어떻게 꾸미는 것이 좋을까, 왼편의 회사가 이사를 간다면 어떻게 인테리어를 하는 것이 좋을까.' 하고 고민 아닌 고민을 했다. 오른편에 있는 대만 회사가 먼저 이사를 나가면 좋겠다고 생각했다. 그래야 벽을 허물어도 크게 공사를 할 필요가 없으니까. 만약 왼편의 회사가 먼저 이사를 나간다면 그 벽을 허물고 인테리어를 하려면 비용이 더 많이 들어갈 수도 있으니까.

세 번째 사무실로 입주한 첫 달부터 이런 상상을 하면서 벽을 자주 두드렸다. 혼자 혹은 직원들이 들으라고 중얼거렸다. "아, 옆 방 사무실 좀 더 빨리 이사 안 나가나? 우리 사무실 빨리 넓혀야 하는

데."

　사무실에서 근무하는 직원은 8명이었고, 4명씩 두 개의 부서로 나누고 있던 때였다. 팀 리더인 2명의 직원에게 대기업의 임원처럼 자기 방을 만들어 주고 싶어졌다. 나 혼자만이 아니라 같이 일하는 직원 2명을 부장으로 승진시키고 대기업 임원처럼 자기 방에서 혼자 멋지게 일하는 환경을 만들어 주고 싶었다. 머릿속으로 자꾸 상상을 해보다가 종이를 꺼내어 사무실 방 안을 그려보았다. 새로 사무실을 구한다면 한쪽 벽으로 방을 만들고 사무실 공간에는 지금 직원들의 책상보다 더욱 큰 책상이 들어가도록 파티션을 크게 하는 것을 그려보았다.

　이미지 트레이닝을 거듭하기를 수차례, 나는 기어이 혼자 이 거리 저 거리의 이사 갈만한 오피스 빌딩들을 살피고 다니기 시작했다. 그러다가 어떤 빌딩으로 들어서게 되었는데 그곳은 역세권이면서 건물도 깔끔해서 해외 고객이 찾아오더라도 체면이 설 것 같은 느낌이 들었다. 다음 날 재무 직원과 함께 그 빌딩을 다시 찾았다. 관리사무실에 임대 가능한 비어 있는 사무실을 문의했더니 인테리어를 철거하지 않은 채 이사를 나간 사무실이 하나 있다면서 보여주었다.

상상한 것이 눈앞에 나타나다

그 방에 들어서는 순간 나는 깜짝 놀랄 수밖에 없었다. 혼자 종이 위에 인테리어 아이디어를 그렸던 그 모습 그대로의 사무실이었다. 딱 맞는 크기의 회의실과 사무실 전체를 둘러보니 창문이 있는 벽 쪽으로 방이 4개가 있었고, 다용도실로 사용할 수 있는 방과, 조그만 창고도 있었다. 어찌 이럴 수가 있단 말인가? 혼자 옆방의 벽을 두드리며 새로운 공간을 상상하면서 그린 그림과 똑같은 사무실이 내 눈앞에 나타난 것이다. 인테리어를 새로 할 필요도 없었다. 기본적인 것들은 그대로 사용해도 됐지만 나는 회사 직원들에게 놀라운 기쁨을 주고 싶었다. 파티션을 새로 맞추고, 사무 가구를 새로 사고, 타일 카펫으로 되어 있던 바닥을 목재 마루로 바꾸는 것, 그리고 벽에 페인트를 새로 칠하는 것으로 입주가 가능해 인테리어 비용도 많이 절약할 수 있었다. 건물주와 곧바로 계약했다.

이렇게 해서 2008년 3월 50㎡, 2008년 12월 100㎡, 2009년 7월 150㎡, 2010년 1월 350㎡로 사무실의 공간을 넓히게 되었다. 직원들과 함께 우종루에 있던 허름하고 관리 수준이 떨어지는 빌딩을 떠나 수준 높은 관리의 전문 오피스 빌딩인 곳으로 이사를 하게 되었다. 창업한 지 1년 10개월 사이에 사무실의 모습을 네 번이나 바꾸게 된 셈이다.

지금 있는 허추안(合川) 빌딩으로 이사하던 날, 이사를 마치고 직원들과 저녁을 먹으면서 다시 이야기했다. "연말에 저쪽 끝의 벽을 허물자. 그리고 사무실을 더욱 키우자." 이런 말로 호기를 부려보았다. 벽 맞은편에는 한국의 하나투어가 입주해 있었다. 3층의 승강기를 내리면 왼편 복도의 첫 사무실, 그곳이 하나투어였고, 앞으로 걸어가 하나투어가 사용하는 공간을 지나면 우리 사무실이 있었다. 복도를 사이에 두고 사무실 오른편 대각선 방향에는 한국의 락앤락이 입주해 있었다. 이제 한국에서 지명도가 있는 규모가 있는 회사들의 중간에 위치한 사무실을 갖게 된 것이다.

새로운 사무실에서 일을 하는 중에도 늘 하나투어의 사무실을 기웃거려 보기도 하고 벽을 두드려 보기도 했다. '하나투어가 이사를 가면 바로 이 벽을 허물고 사무실을 키우자. 일 년 안에 해낼 것이다. 연말까지 해낼 것이다.'라고 상상을 하기 시작했다. 직원들에게 그렇게 하자고 이야기를 하곤 했다. 나는 재무 직원을 시켜서 하나투어의 사무실 임대 계약이 언제 만료가 되는지, 이사를 갈 예정인지 물어보게 했다. 그러나 돌아온 대답은 하나투어의 계약은 다음 해에 만기가 되고, 그때 이사를 갈지 계속 사용할지는 알 수 없다는 것이었다.

계획과 다른 이야기를 듣자 좀 실망을 했다. 우리 회사 사무실로 들어가기 위해서 복도에서 먼저 마주치게 되는 첫 회사의 입구는 하나투어였다. 자주 그 안을 들여다보면서 이사 갈 기미가 보이는지 살펴보았다. 이사를 가면 회의실은 어떻게 만들지, 사장 방은 하나투어의 방 창문 어느 쪽에 만드는 것이 좋을지 그림을 그려보곤 했다.

혼자 상상하고, 머릿속에 인테리어 도안을 그려보고, 하나투어 사무실 벽을 계속 두드렸다. 하나투어는 실력이 있는 한국의 큰 기업인지라 쉽게 이사 갈 것 같지 않았다. 방법을 바꾸기 시작했다. 하나투어 사무실을 들여다볼 때마다 마음속으로 기원했다. 하나투어의 중국 사업이 날로 번창하여 더 많은 인력이 필요하고 지금의 사무실이 좁아서 이사를 가야 되는 날이 빨리 오도록 긍정의 축원을 해주기 시작했다.

그리고 기적이 일어났다. 임대계약이 다음 해 5월이 되어야 만료된다던 하나투어가 그 해 12월 말에 이사를 할 예정이라는 연락이 왔다. 사무실이 비좁아서 같은 빌딩 위층 더 큰 사무실로 이사하여 올라간다는 것이다. 우리 회사가 1월에 이사를 온 후 연말 안으로 다시 벽을 허물어 사무실을 넓히자고 주문 같이 외던 말이 정확히 실현된 것이다. 하나투어 상하이지사의 발전을 매일매일 축원하면서 우리는 벽을 허물었다. 그리곤 머릿속으로 인테리어 방안을 생각한 대로 내 방을 새로 만들고 기존 사무실의 스타일과 똑같이 하나투어가 쓰던 공간의 오른편 창문 쪽으로 방들을 더 만들었다.

2008년 3월 50㎡, 2011년 1월 650㎡, 2년 10개월 만에 사무실의

크기가 13배로 늘었다. 그 사이 다섯 번 사무실이 바뀐 것이다. 사무실의 공간이 커지는 가운데 자연스럽게 직원 수도 늘었고, 창업 3년 동안 매년 100% 이상 성장을 이룰 수 있었다. 이렇게 상상의 힘으로 벽을 두드리면서 회사를 키워 왔다. 하이톤 호텔에서 내 인생 첫 강의를 하던 날, 길게 세세하게 이야기를 할 수는 없었지만, 벽을 두드리며 성장해오던 과정을 소개하였다. 그런 연유로 강의를 들었던 분들이 자신들도 '벽을 두들기겠다고' 한 것이었다.

상상하고 구체적으로 그림을 그려보는 것을 통하여 회사가 성장하도록 해왔다. 2012년 9월 첫 강의를 하게 된 것도 역시 상상의 힘이다. 성공한 회사를 만들고, 언젠가 성공 스토리를 강연하는 미래 모습을 늘 상상하고 있었다. 그 시점이 내가 생각해오던 것보다 빨리 온 것이다. 강력하게 원하는 것을 계속 상상하면서 구체적으로 그림을 그려보면, 우리는 자신도 모르게 그 방향으로 다가가게 된다. 그리고 원하던 모습이 어느 날 생각했던 시기보다 훨씬 빨리 우리에게 다가오는 것을 알 수 있다.

chapter 4

양치기 소년

양치기 소년이 되지 않는 것

회사의 창립 5주년을 맞이하여 전주 근교 완산에 있는 아원이라
는 한옥에서 직원들과 낭만적인 밤을 보냈다. 삼월의 마지막 밤,
아무리 떠들어대도 방해받을 사람들이 없는 그곳에는 오직 우리들
만 있었다. 우리를 에워싸고 있는 소나무 숲과 맑은 밤공기는 물론
이고, 하늘의 별들은 축제를 축하해주듯 우리들 머리 위로 연신 반
짝였다.

오직 우리 직원들만을 위해서 맞춤 제작한 특별한 밤이었다. 중
국에서 온 직원들을 위하여 전주의 친구들이 며칠 전부터 공연 팀을
섭외하고, 요리학원 선생님을 모셔오고, 캠프파이어를 할 수 있도록
장작을 준비하고, 노래방 기계도 빌려서 설치해 놓고, 밤늦도록 주
거니 받거니 마음의 술을 마시도록 고기와 상추 등도 듬뿍 준비해

주었다. 감격스러웠다. 대한민국 사람으로서 중국 직원들을 전주로 데려와서 우리 한민족의 전통문화를 느끼게 해주는 이 밤을 보내면서 너무 무리했던지 목이 잠기기 시작했다. 그 다음날, 모교인 전북대학교 상과대학에서 재학생 후배들에게 특강을 하기로 일정이 잡혀있었지만 쉽게 잠들 수 없는 밤이었다.

한창 행사를 즐기던 중 전주에 살며 우리 회사와도 거래 관계가 있던 고마운 벗이 내 옆에 서서 다정한 웃음으로 말을 걸었다.

"성님! 나도 돈 벌면 성님처럼 직원들을 데리고 이렇게 멋지게 하고 싶네요."

웃자고 하는 말에는 말을 받아 재미있게 대답하는 재치가 있는지라 무심코 한 마디 툭 던졌다.

"돈 벌면 하겠다는 거, 그거 양치기 소년인데…."

벗과 같이 키득키득 웃었다. 한바탕 웃더니 늘 바른 생각을 추구하는 벗은 고개를 끄덕끄덕하며 이야기했다.

"성님 말이 맞네, 돈 벌고 난 후에 하겠다는 거, 그거 하나도 안 무서워. 누가 믿어 그걸."

"돈을 써야 돈을 벌지. 돈을 벌어서 하겠다고 하면 그 돈이 벌리겠어?"

전주에서 상하이로 돌아온 후, 그 친구로부터 메일을 받았다.

"성님이 이야기한 양치기 소년이 되지 않는 것이 진정한 리더십인 것 같아요. 많이 배웠어요."

그 후로 우리는 양치기 소년이 되지 말자고 약속한 셈이 되었다.

사회에 기여한다는 것

요즘은 어느 회사이든 기업 문화를 소개하는 내용을 보면 꼭 빠지지 않고 나오는 말이 '사회 공헌'이다. 기업의 성장을 통하여 축적된 이익을 사회에 환원하겠다는 것이다. 나 역시 늘 그런 마음을 가지고 있었다. 회사의 규모가 더 커지고 여유가 생기면 사회에 기여할 수 있는 일들을 하겠다는 생각을 막연하게나마 갖고 있었다.

언젠가 초대를 받아 직물 공장을 하는 중국회사를 방문했을 때의 일이다. 점심 식사 장소는 공장 안 종업원 식당에 따로 마련된 귀빈실이었다. 식사를 하면서 회사의 분위기를 감지할 수 있었는데, 눈에 띈 것은 회사 생산직 직원들에게 무료로 식사를 제공하지 않는다는 것이었다. 그 회사 사장은 손님들이나 친구들과 함께 거의 매일 저녁에 도시의 5성급 호텔에 있는 고급식당의 룸에서 한 끼에 몇 천 위안 이상의 식사를 하는 사람이다. 게다가 우량에(중국 최고의 명주로 아주 비싼 술)와 고급 와인을 스스럼없이 소비하는 사람이다. 그런 사람이 생산 원가를 줄인다고 종업원들에게 식사조차 무료로 제공하지 않고 회사에 돈을 내고 사 먹도록 하고 있었다.

문제는 이 회사 역시 사회에 기여하는 기업이 되겠다며 공언하고 있는 것이다. 2008년 스촨성 지진 당시 상당한 금액을 기부했다는 증서를 사무실 책상 위에 버젓이 진열해 놓고 있던 그가 직원들에게는 하는 모습은 너무도 달랐다.

회사 경영자는 사회를 위해 기부나 봉사활동을 하기에 앞서서, 회사의 직원들 역시 그가 기여하겠다고 다짐하는 사회의 구성원이라는 것을 먼저 깨달아야 한다. 기업이 이익의 극대화를 위해 직원들을 경영 원가 절감의 대상으로 보는 것은 지혜로워 보이지만 절대 그렇지 않다. 직원들의 복지비용을 줄이고 그들의 허리띠를 졸라매게 하면서 창출해내는 이익이 과연 옳은 것일까? 또한 그 이익으로 정부나 일반 소비자들에게 홍보할 비용으로 쓰는 건 옳은 일일까?
외부에 생색내기 위해 기부하며 자신은 돈을 펑펑 쓰면서도 정작 회사가 생존하고 성장하도록 수고하는 직원들에게는 여전히 나 몰라라 하고 겉치레만 신경 쓰는 기업가의 잘못된 정신은 진정성이 있는 기업문화가 아니다. 직원들을 단지 수단인 양 소모품 취급하는 기업은 오래가지 못한다. 사회의 구성원인 직원의 행복부터 챙기는 것이 이 사회의 행복 지수를 올리는 첫 번째 해야 할 일이라고 생각해야 한다. 우리가 사회에 기여한다는 것은 바로 우리 회사 안에 있는 직원들에게 먼저 잘하는 것으로부터 출발해야 바람직할 것이다.

회사라는 한 배

2011년 9월, 유럽의 재정 위기 문제는 세계 경제에 큰 타격을 주고 있었다. 경기가 최악으로 치닫던 유럽은 해외로부터 수입을 줄일 수밖에 없었다. 이는 그대로 중국, 한국 등 수출 국가의 경기에 심한 영향을 주었다. 우리 회사 역시 그동안 유럽으로 적잖은 물량을 수출 중이었는데 서서히 주문이 줄기 시작했다. 덩달아 한국의 수출 경기도 영향을 받으니 한국에서 중국으로부터 수입해가는 원료의 수입 오더도 줄기 시작했다.

그해 연초부터 9월까지의 월별 실적 추이를 살펴보았다. 8월부터 하향세를 나타내고 있었다. 더구나 9월에 여사원 두 명이 일주일 간격으로 출산 휴가를 떠났다. 한 명은 수출의 중요한 포지션이었고, 다른 한 명은 내수 판매의 여장부였다. 일을 제대로 잘 해내는 직원 두 명이 출산 휴가를 떠나니 이 또한 스트레스였다. 창업한 지 겨우 3년 차인 회사에서 유능한 직원 두 명이 빠진데다가 인력은 부족한데 급여는 똑같이 줘야 할 상황이었으니 사장으로서는 마음이 편치 않았다.

게다가 더 나를 불편하게 했던 소식도 들려왔다. 상하이시 정부에서 노동 관련 규정을 개정하여 발표한 것이다. 그동안은 상하이 호구(상하이 거주지의 주민등록증)인 직원은 5대 사회보험에 가입할 수 있는 반면 외지의 호구를 가진 직원들은 상하이시의 사회보험을 들 수 없었다. 사회 보험료는 혜택이 많은 만큼 월급의 40%를 육박하는 보험료를 납부해야만 한다. 그러나 바뀐 상하이시의 규정은 5년 이내에 상하이가 아닌 외지에서 온 직원들 역시 상하이의 사회보험제도에 가입해야한다고 발표한 것이다. 이는 회사에 많은 부담이 될 수밖에 없었다.

이를 알고 회사 재무담당 직원은 내게 면담을 요청해왔다. 회사가 아직 창업 초기의 작은 규모이니, 조금 더 여유가 있을 때까지는 당분간 외지 직원들의 사회보험 가입을 미뤄보는 게 어떻겠느냐는 것이다. 회사의 부담비용이 커지는 것을 걱정해주고 사장인 내 처지를 잘 헤아려서 먼저 이야기를 꺼내주는 직원의 마음이 고마워서 얼결에 그러마고 했지만 씁쓸한 마음은 감출 수 없었다.

집에 돌아와 곰곰이 생각해보았다. 그동안 외지 직원들이 누릴 수 없었던 혜택을 드디어 얻을 수 있게 됐는데 그걸 모른 척하고 있는 게 과연 직원들을 위하겠다는 사장의 생각과 맞는 것일까? 좀 더 여유가 될 때까지 기다려달라고 직원들을 설득하려는 내 모습이 영 마음에 들지 않았다. 직원들에게 떳떳한 사장, 책임자가 되고 싶었다. 설령 상하이에 주재하는 다른 한국 기업들이 유예 기간을 끝까지 채우며 계속해서 가입 시기를 미룬다 할지라도 우리 회사만큼은 그러지 말아야겠다는 생각이 들었다. 그리고 나는 즉시 실행해 옮겼다. 나는 전 직원 모두를 사회보험에 가입시키로 한 것이다.

직원의 복지가 곧 회사의 성장이라는 생각이 들자, 출산휴가를 떠난 두 직원이 자연스레 떠올랐다. 내 아내가 아이를 낳고 기르는 수고를 지켜본 경험이 있기 때문에 그녀들의 노고를 잘 알 수 있었다. 나는 그녀들을 생각하며 인사 규정을 전면 수정하였다. 회사에서는 자녀를 출산한 직원들에게 매월 자녀 양육비용(대학 졸업 시까지)을 일천 위안씩 주는 조취를 취하기로 했다. 이는 나름 파격적인 복지 조건이었고, 중국 내에 있는 한국 회사들 중에서는 가장 최초로 만들어낸 규정이었을 것이다. 하향 곡선으로 내딛는 경기에 오더도 줄고, 이익도 준 상황이었지만 나는 자부심을 느꼈고, 직원들에 대한 모종의 책임감은 더욱 커졌다. 왠지 그들과 더 진한, 가족과 같은 느낌이 들었기에 나는 한 번 더 무리수를 던졌다.

"우리 내년 봄 회사 창립 4주년에 제주도로 여행을 가자!"

그러자 직원들은 격렬하게 환호했다. 뒤이어 어느 직원 한 명이 말을 이었다.

"사장님, 제주도 여행 경비는 저희가 열심히 해서 벌겠습니다. 믿어주세요!"

아마도 나는 이런 말을 기대한 것이 아니었을까. 가슴이 뜨거워지는 것을 느꼈다.

직원들의 노력과 넘치는 사기 때문이었는지 회사의 이익은 다시 늘어가기 시작했다. 명절에 비수기까지 겹친 시기였음에도 흑자는 점차 늘었다. 그렇게 창립 기념일 전까지 회사는 승승장구했으므로 홀가분한 마음으로 제주 여행을 준비했다. 우리는 직원뿐 아니라 그들의 가족과 회사 운전사, 사무실 청소하는 사람까지 모두 함께 제주도로 떠났다. 창립 기념 여행은 그야말로 사기충전의 시간이었고, 우리는 해마다 창립 여행을 떠나기로 의기투합했다. 제주도를 다녀온 2012년, 회사는 전년 대비 100% 성장률을 기록했다.

창립 5주년에는 베트남을 갈 것인지, 서울과 전주를 갈 것인지 물었다. 물론 내 바람도 이야기했다. 우리는 한국 회사인데, 제주도만 보아서는 한국을 전부 본 것이 아니고, 동남아는 앞으로 매년 해외여행을 갈 계획이 있으니 다음으로 미루고 대한민국의 수도인 서울을 보여주고 싶은 마음을 전했다. 또한 한민족의 전통문화인 전주를 보여주고 싶다고 이야기해 주었다. 직원들은 대부분 서울과 전주를 선택하여 주었다. 대한민국의 국민 한 사람으로서 중국 상하이에서 창업하여 중국 직원들을 데리고 서울과 전주를 다녀오는 일은 내게도 감동이었다.

직원들은 회사들이 앞다투어 기여하겠다고 이야기하는 바로 그 '사회'의 구성원이다. 사회는 바로 우리 회사 안에도 있다. 사회의 구성원인 직원들에게 먼저 잘하는 것이 사회를 위해서 잘하는 것이다. 물론 기업은 스스로 영구히 생존하고 성장하는 것을 추구해야 한다. 그리고 회사를 존재하게 해주는 사회를 위해서 기여해야 한다. 기업도 사회의 구성원이다. 마땅히 지역 사회, 국가 사회, 나아가 인류 사회에 기여를 해야 한다. 하지만 첫걸음은 내부에서부터 시작해야 한다. 내부 직원들의 행복 지수는 고려하지 않고 쥐어짜면서 밖으로 보여주기만 하는 사회 기여는 뭔가 잘못되었다.

돈을 많이 번 후에야 뭐든 해주겠다는 말은 양치기 소년과도 같은 말이다. 직원들이 회사를 신뢰하지 않을 수 있다. 또한 회사와 사장을 존경하지 않고 믿지도 않는다. 믿지도 않고 존경하지도 않는 사장을 위해서, 그런 회사를 위해서 열심히 일하는 것은 어려운 일이다. 똑똑한 직원들은 다른 회사를 찾아 떠날 것이다. 그렇게 되면 회사는 애초 약속했던 "돈 벌면 해 주겠다."라고 했던 것을 해줄 수 있는 여력조차 이룰 수 없다. 좀 더 비용을 쓰더라도 반드시 직원들과 같이해야 한다. 그들이 행복할 때, 그들의 고객을 행복하게 해줄 마음이 생기는 것이다.

회사가 망하지 않는 법을 지금은 알 것 같다. 그것은 양치기 소년이 되지 않는 것이다. 직원들과 그들의 가족은 우리 사회의 엄연한 구성원이다. 그들의 행복 지수가 올라가면, 그들과 내가 속한 더 큰 사회의 평균 행복 지수가 올라가게 될 것이다.

chapter **5**

사과와 오렌지

자랑스러운 한국 기업, 한국인

중국에 첫발을 디뎠던 그날은 1991년 봄, 중국 광저우(广州)에서 매년 봄에 열리는 광저우춘계교역회를 참관하기 위한 출장이었다. 광저우교역회는 마오쩌둥이 대대적으로 반우파 숙청 운동을 시작했던 1957년 봄에 첫 회를 시작한 이래로 지금까지 중국에서 가장 큰 규모의 종합 수출입 상품 전시회로서의 위치를 굳건히 하고 있다.

1991년, 여전히 중국은 개혁 개방 초기이었고 한중 수교를 체결하기 1년 전이었다. 중국 본토에서 중국의 기업인들을 만나고 중국의 관련 산업의 동향, 시장 상황을 이해하기 위해서는 당시에 광저우교역회만큼 좋은 창구는 없었다.

한국과 중국은 여전히 수교를 맺기 전이었기 때문에 나는 중국 출장을 위해 안기부(현재는 국정원)에서 실시하는 안보 교육을 받았다. 홍콩에 도착한 후에 일회용 비자를 받아 기차를 타고 광저우역에 도착했다. 당시 중국 광저우에는 북한의 공작원들이 있을 수 있으니 조심해야 한다는 안기부의 사전교육을 기억하며 사뭇 긴장감을 가지고 기차에서 내렸다.

광저우역에 첫발을 내딛던 날의 전경이 눈에 밟히듯 기억난다. 기차에서 내리자마자 군인들이 보였다. 거리에서 보는 글자들은 온통 빨간색 일색이었다. 요새는 좋은 일이 있을 것 같고 복을 불러오는 색으로 생각하지만, 그 당시만 해도 내게 빨간색은 '공산당'의 상징적인 색이었다.

어린 시절부터 공산당과 빨간색은 하나의 색인 것으로 교육을 받던 내가 광저우에 첫발을 내딛었을 때엔 어찌나 놀랐었는지. 나중에 알게 된 사실이지만 군인이라고 생각했던 사람들은 열차 승무원과 수많은 일반 서민들이었다. 오늘날 중국인들은 각양각색의 옷을 입고 있지만 그 당시 개방 초기 가난을 벗어나지 못했던 중국인들은 문화혁명 시절부터 입어오던 국방 녹색의 옷들을 입고 있었다. 국방색과 빨간색 뒤로는 온통 일본 제품들의 광고가 판을 치고 있었다.

거리로 나오니 여기저기 일본 전자 제품들의 대형 광고판들이 눈에 띄게 많았다. 공산당이 국민당을 대만으로 몰아내고, 1949년 10월 1일 마오쩌둥 주석이 톈안먼(天安门) 광장에서 전 세계에 중화인

민공화국이 성립되었음을 선포하기 이전에는 일본이 한반도의 유린과 더불어 중국의 많은 지역을 침공하고 점령하였다. 특히나 가장 많이 알려진 남경대학살은 한반도의 불운했던 과거와도 유사한 궤적을 지녔다.

중국은 지금까지도 반일감정이 곳곳에 남아 있는데, 우스운 것은 그것과 관계없이 거리마다 일제히 일본 제품 광고로 가득 차 있었다는 점이다. 그때까지만 해도 수교가 이루어지지 않은 한국인들은 직항조차 없어 홍콩을 경유해가야만 했던 시절이었으니 한국산 제품은 발도 들여놓을 수가 없었다. 역사의 심판을 받아야 마땅할 일본이 중국 시장을 먼저 선점해 이익을 창출해내고 있다는 점에서 나는 아이러니를 느낄 수밖에 없었다.

요새는 일본 전자제품을 사용하는 이들을 많이 찾아볼 수가 없다. 한국 기업들의 약진으로 중국 시장에서 일본 제품들이 설 곳이 없게 된 것이다. 한국의 삼성, LG, SK, 현대, 기아, 포스코 등 많은 한국 대기업들의 노력과 수많은 중소기업과 개인 기업의 노력으로 한국은 중국 시장에서 일본 기업들과의 경쟁을 이겨내고 탄탄히 자리를 잡고 있다.

특히 중국인들의 손에 전자 제품 강국인 한국 기업의 스마트폰이 들려있는 것을 보면 기분이 좋다. 한국의 스마트폰을 쓰는 중국인들은 한국 기업이 생산하는 전자 제품의 기술과 품질을 칭찬하기도 하고, 한국인의 애국심을 칭찬하기도 한다. 중국인들 말로는 한국인들은 애국심이 뛰어나서 한국 제품만을 사용하는 것 같다고 한다. 여행이나 출장으로 한국에 방문할 때에도 거리의 차들이 대부분 국산차인 점, 또한 1990년대 후반 아시아 금융위기 당시 전 국민이 단결하여 귀금속을 꺼내어 기부한 것을 보고, 한국인들의 애국심에 혀를 내둘렀다고 한다.

1992년 한중 수교를 통하여 본격적으로 중국에 진출한 한국 기업, 그 선봉에 섰던 중국 주재원들의 노력이 오늘 나로 하여금 한국인으로서 자부심을 갖게 해주었다. 그들이 흘렸을 피와 땀, 숱한 노력들을 생각하면 절로 고개가 숙여진다. 한국 본사에서 중국 시장 진출 전략을 지휘해 온 숱한 기업가, 그리고 중국 현지에 파견되어 무에서 유를 창조해온 한국인들의 영혼이 담긴 승부가 자랑스럽게 느껴진다.

사과를 잃어버린 날

처음 스마트폰이란 것을 알게 된 것은 애플의 아이폰 덕분이었다. 그때는 스마트폰을 칭하면 모두들 아이폰을 먼저 떠올릴 때였다. 나 역시 비싼 값을 주고 아이폰을 구매했는데 사용한 지 한 달도 안 되어 분실한 적이 있었다. 달콤한 애플의 맛을 만끽하기도 전에 칠천 위안이 공중에 날아간 것이다.

당시 한국에서는 펜션을 건설하는 붐이 있었다. 우리 회사에서도 펜션을 지을 때 사용하는 목재를 한국으로 수출하는 오더를 진행했는데, 한국의 수입상 중 한 회사의 대표들이 우리 회사를 방문한 일이 있었다. 그들은 삼십 대 초반의 젊은 남자 두 명이었는데, 점심 식사를 대접하면서 반주로 한 두 잔하다가 점점 술자리가 진해져(!) 중국 바이쥬를 많이 마시게 됐다. 식사 시간이 한참 지나서야 자리에서 일어났고, 나는 다른 곳으로 옮기다 말고 핸드폰을 잃어버린 걸 알게 됐다. 식당을 다시 찾았지만 때는 이미 늦은 후였다.

젊은 두 청년에게 수출하는 목재의 주문은 초기 테스트 물량이라 수량이 적고, 이윤이 아주 적은 아이템이라서 수출 후 총이윤이 칠천 위안 정도 되는 건이었다. 그런데 칠천 위안짜리 스마트폰을 잃어버린 것이다. 그것도 오신 손님들을 성심껏 접대한다고 중국 요리에 바이쥬까지 마셨으니 그날은 완전히 적자가 난 셈이었다. 스마트폰을 잃어버리고 나니 본전도 생각나고, 괜히 대낮부터 술을 너무 많이 마셨다는 생각에 후회가 막급했다. 하지만 어쩔 수 없는 노릇이었다.

주말을 보내면서 왜 스마트폰을 잃어버렸나 곰곰이 생각해보았다. 술을 많이 먹어서 잃어버린 것일까? 머릿속에서 벌을 받았다는 생각이 들었다. 직원들에게는 사주지 않고, 사장 혼자만 스마트폰을 사니까 하늘이 벌을 내린 것이라는 생각이 들었다. 애플의 스마트폰을 잃어버리고 이제 직원들에게 사과해야겠다는 마음이 생긴 것이다.

나는 곧장 핸드폰 매장으로 향했다. 우리 회사 직원 수와 내 것을 합하여 총 12대를 샀다. 한꺼번에 12대를 사니 판매하는 매장 사원도 싱글벙글하면서 얼떨떨해했다. 사는 데만 두어 시간이 걸렸다. 내 것만 사서 하늘의 벌을 받아 잃어버린, 애플의 아이폰, 이 '사과' 때문에 직원들에게 '사과'를 하고 싶었다(중국에서는 '아이폰'을 사과를 나타내는 중국어 苹果와 핸드폰을 말하는 手机를 붙여서 핑궈쇼우지, 사과 핸드폰이라고 한다).

다음날 직원들이 모두 출근하자 회의실로 불렀다. 마음속으로 연습했던 말을 이었다.

"여러분, 사과드릴게요. 사과 받아주세요."

서프라이즈! 직원들에게는 놀라움 그 자체였다. 그 당시에 그렇게 비싼 아이폰을 사줄지를 아무도 상상해본 일이 없었던 것이다. 그것도 "사과를 받아주세요."라는 말을 하면서 나누어 주자 직원들은 모두 입이 짝 벌어졌다. 어떻게 사용을 하는지, 각자가 사용하는 이메일 계정은 어떻게 만드는지 등을 하나하나 설명하여 주었다. 칠천 위안을 벌려다가 스마트폰을 잃어버리고, 직원들에게 사과하는 마음으로 칠만 위안 정도를 쓰게 된 것이다.

사과를 잃어버리고 얻은 것

직원들에게 마음으로 했던 사과는 더 큰 효과가 되어 내게 돌아오기 시작했다. 어떤 여직원은 주말에 친구들과 만나서 재미있게 수다 떨면서 노는데, 친구들이 "어머, 너 아이폰 샀네? 얼마니? 그 비싼 것을 다 샀네."라고 물었다.

직원은 친구들에게, "응, 이거, 우리 사장님이 사주신 거야, 회사 직원들 모두에게 사주셨어."

"아! 부럽다. 나도 너희 회사 같은 곳에 다니고 싶다."

이런 말들이 오고 갔다고 한다.

당시는 한국의 대기업에서도 아직 사원들에게 스마트폰을 지급하지 않았던 때였다.

회사 직원들은 집에 가서 남편에게, 아내에게 자랑했고, 거래처에 가서 자랑했고, 사무실로 찾아오는 고객에게 자랑했다. 그러면서 자연스럽게 회사 사장인 나에 대해 어필했다. 아직은 스마트폰을 사용하는 사람들이 많지 않았던 때라 직원들은 스마트폰으로 회사에 대한 자부심이 생겼다. 자연스럽게 나를 더 좋은 사람으로 평가하게 된 것이다.

해외 수출을 하던 직원들은 밤중에도 스마트폰으로 해외 고객과 메일을 주고받기 시작하고, 내수 시장을 담당하는 직원들은 출장 중에 수시로 메일을 보내기 시작했다. 지금이야 모두가 스마트폰을 가지고 있으니 이런 일들은 모두가 하는 일이 되었지만, 그 당시 중국에서만큼은 다른 회사보다 앞서나간 부분이었다.

이제 직원들은 모두 한국 브랜드를 사용하고 있다. 업그레이드가 될 때마다 핸드폰을 교체 구매해준 터라 요즘 직원들은 애플이 아닌 한국산 브랜드 스마트폰을 쓴다. 내가 만나는 중국 사람들의 대다수가 한국 브랜드 스마트폰을 사용하는 것을 보면서, 명품 브랜드를 만들어 낸 회사에 감사하고, 중국인들이 모두 구매하게 한 그 회사의 수많은 중국 주재원들이 흘린 땀에 감사를 드리고 싶다.

사과와 오렌지

추석이 되면 고추잠자리를 보면서 성묘를 다녀오던 초등학교 시절의 기억이 난다. 논두렁을 걷다가 양옆 나무가 울창한 숲 속 길을 한 없이 걸어 지나면 밭이 있는 길이 보였다. 그곳을 걸어서 증조부께 성묘를 하러 가는 길에는 고추잠자리가 참 많이 날아다녔다. 내 눈에는 온 사방에 온통 잠자리 떼만 가득 날아다니는 것으로 보였다.

먼 길을 걸어서 잠자리를 쫓으며 성묘를 다녀와 집에 오면 사과가 기다리고 있었다. 인심이 후했던 그 시절, 가난해도 가을이 되고 추석이 되면 사과를 먹을 수 있었다. 이웃집들과 명절 잘 지내라며 사과를 선물하던 시절이었다. 중국의 농촌도 예나 지금이나 마찬가지였을 것이다. 가난한 사람도 사과 정도는 먹고 살 수가 있었다. 그래서 사과를 보면 고향 향수를 느낀다. 가난해도 다정하게 살았고 동네방네 서로 나누면서 살았던 인심들이 느껴진다.

스티브 잡스는 젊었을 적 동양의 인문학에 심취했었다고 한다. 오늘 각 기업들이 더욱 창의적이 되기 위해서 기업 경영에 인문학을 배우고 도입해야 한다는 바람을 불러일으킨 사람이 스티브 잡스였다. 그가 사과를 애플의 로고로 만든 것은 참 공교롭다는 생각이 든다. 인문학이 무엇인가? 사람이 진정 사람답게 살자는 학문이 아닌가 싶다. 우리가 어렸을 때 나누어 먹었던 사과, 지금도 같이 나누어 먹을 수 있는 사과에서 인문학을 느껴본다.

어린 시절에 오렌지를 먹어본 기억이 없다. 지방에서 대학을 졸업하고 서울에서 직장 생활을 시작하면서, 그러니까 거의 서른 살의 나이가 되어서야 오렌지를 처음 먹어보게 된 것 같다.

1980년대 후반에서 1990년대 초반에는 회사에 입사하여 신입 사원의 몇 년을 보내던 직장 생활 초기의 시절이었다. 당시에 오렌지족이라는 말이 유행했었다. 한국에서 제일 잘 산다는 압구정동, 청담동 일대의 부자 부모를 둔 일부 젊은이들, 부모가 주는 용돈으로 비싼 외제차를 몰고, 명품을 사서 뽐내고, 공부도 못하면서 해외 유학을 하던 세대를 부르는 말이었다. 오렌지를 처음 먹어 보던 그 시절, 지방 출신인 나는 오렌지족으로 불리던 사람들과는 다른 세계에 살고 있던 사회 계층이었다. 그들은 무척 방탕하게 사치하였고 떠들썩하게 자랑하면서 흥청망청 소비하던 사람들이었다. 그들에게는 농촌에서 풋풋하면서도 눈물 나게 시큼한 인심의 수분이 물씬 배어 있는 사과와 같은 정, 나눔의 정은 찾아볼 수 없었다. 내게 오렌지는 사과의 반대편에 놓인 과일이었다.

누가 내게 사과와 오렌지를 내어 놓으며 평생 사과와 오렌지 둘 중의 하나만 선택해 먹으라고 한다면 나는 응당 사과를 선택할 것이다. 시골인심이 가득한 사과처럼 인정을 나누고 싶다.

애플의 아이폰과 아이패드는 중국에 투자한 대만 기업 공장인 폭스콘에서 생산된다. 임가공 공장이었던 폭스콘은 애플로부터 박하고 박한 이윤으로 오더를 수주하여, 싼 임금을 주어가며 직원들을 몰아세우며 생산을 하다가 많은 종업원들이 줄줄이 자살하는 사태를 불러왔다.

1991년 처음 중국 땅에 발을 들여놓을 때 보았던 그 많은 일본 제품들의 광고판도 이제는 중국 시장에서 거의 사라지고 없다. 한국 제품의 광고판으로 대체되었다. 남경대학살이라는 분명하게 있었던 역사의 용서받지 못할 잘못을 인정하지 않고 있으며 겉으로만 우호적인 중일 관계를 이야기하고 있는 일본의 제품을 중국인은 좋아하지 않는다. 일본은 역사의 과오를 사과할 줄 모른다. 주변국들과 진심으로 나누며 살 줄 모르며 오늘도 그들의 국력을 뽐내며 휘둘러 대고 있는 중이다. 그들이 언제나 진정으로 사과할 것인지, 그날이 언제 올 수 있을지 요즘 세태를 보면 기대하기 어렵겠다는 생각을 한다.

그런 반면 한국 기업들은 중국인들과 나누고 있다. 한국 브랜드의 스마트폰으로 중국에서 시장 점유율 1위를 하는 삼성은 "중국 인민이 좋아하는 회사, 중국 사회에 공헌하는 회사가 되자."를 중국 삼성의 구호로 삼았다고 한다. 그리고 실제로 중국에서 환영받고 있다.

중국말에 '挂羊头, 卖狗肉(꽈양토우, 마이고우로우).'라는 말이 있다. 문 앞에 양고기를 걸어놓고 개고기를 판다라는 뜻인데, 겉으로 보여주는 것과 속 내실이 다르다는 것을 말하는 것이다. 일본이나 미국의 제품들보다 한국 제품이 중국 시장에서 더욱 경쟁력을 갖추게 된 까닭은 아마도 기업가의 '나눔 정신'이 아닐까 하는 생각이 든다. 내실을 갖춘 든든한 기업들이 더 많아졌으면 한다.

chapter 6

무엇을 벌 것인가

생일이 두 번인 남자

우리 회사에는 일 년에 생일을 두 차례 맞이하는 직원이 있다. 올해 서른넷이 된 그의 첫 번째 생일은 어머니가 사랑하는 아들을 낳아준 날인 1월 28일이다. 두 번째 생일은 7월 8일이다. 그는 자신을 두 번째 태어나게 하게 한 사람은 바로 나, '박상윤'이라고 한다.

몇 해 전 그와 쑤저우(苏州)의 거래처에 출장을 갔다. 봄이 되면 상하이에서 쑤저우로 가는 도로 양 옆으로 유채꽃이 가득가득 들판을 노랗게 물들인다. 너무 눈이 부실 정도의 아름다움은 때로는 순진한 기쁨도 주지만, 삶이 힘들다고 느껴질 때나 간혹 속병을 앓을 때에는 따스한 햇볕이나 구름 한 점 없는 파란 하늘과 들판에 가득한 유채꽃의 모습은 가슴 속에서 아픈 기억들을 끄집어내기도 한다.

상하이 지사의 주재원으로 근무하던 지난 몇 년 동안 봄이 되면 유채꽃이 가득 핀 들판을 끼고 있는 푸른 잔디밭에서 작대기를 들고 공놀이를 하며 즐기던 시절이 떠올랐다. 그 많은 시간을 보내는 동안 골프에 미치지 않고 보다 가치 있는 삶을 위해 책을 더 많이 보았어야 했다는 후회, 아내와 아이들과 더 많은 시간을 함께 하고 그들을 더욱 사랑하고 그들로부터 더 많이 사랑받았어야 했다는 자책감이 일순 나를 우울하게 만들었다. 세월은 골프장 푸른 잔디 위에서 계속 OB를 내고 말았다.

내 스스로에게 반문하듯이 나는 운전사에게 말을 걸기 시작했다. 인생의 매 시간이 참으로 소중한 것이기에 젊은 시절을 더 뜻 깊게 보내야 할 텐데, 자네는 언제까지 운전사만 할 것이냐고 물었다.

나를 믿는 운전사

리핑은 안휘성(安徽省) 출신이다. 안휘성 농촌에서 태어나 가정 형편 때문에 중학교를 졸업한 것이 그의 최종 학력이다. 덩샤오핑이 선전(深圳)을 경제특구로 지정하고 개혁 개방 드라이브를 막 시작하던 1980년 전후에 시골에서 가난하게 태어난 것이다. 그는 열여섯 살부터 돈을 벌기 위해서 세차장과 자동차 정비소에 다니면서 일찌감치 사회에 진출했다. 그 후에는 운전사가 되어 한국 사람이 투자한 공장에서 운전사로 근무한 경험도 있었다. 어린 나이부터 많은 밑바닥 일들을 해본 사람이었다.

그는 우리 회사의 운전사로 처음 발을 들였다. 인력중개소의 소개로 온 그는 촌스러운 행색에 무척이나 주눅이 든 얼굴이었다. 자동차로 갈 수 있는 거리에 있는 화동 지역의 고객 방문을 할 때면 리핑이 늘 운전을 했다. 한국이나 다른 나라로부터 출장을 오는 손님이 있는 날은 공항으로 손님을 마중 나가고, 내가 손님을 동행할 때는 그가 늘 운전을 했다.

그는 나 때문에 무척 고생을 많이 했다. 내가 손님을 모시고 매일 출장을 다니고, 밤늦게까지 손님 접대한다고 늦게 귀가할 때면 나를 기다렸다가 귀가를 해야 했다. 새벽에는 일찍 나를 출근시키기 위해서 집 앞으로 와야 했다. 밤 12시 전후에 집에 들어갔다가 새벽 6시에 출근하는 사장을 모시려면 무척 피곤할 것이 뻔한데, 이 친구는 직원들이나 만나는 사람들에게 나를 존경한다고 노상 이야기를 하곤 했다.

어느덧 그가 근무한 지 일 년 정도 지나자 그의 위축된 모습은 눈에 띠게 사라지고 미소가 가득해지기 시작했다. 한국에서 온 손님들은 그의 웃는 모습을 보고 스마일 가이라는 별명을 붙여주기도 했다.

그는 예전에 한국 사람이 경영하던 니트 의류 공장에서 근무한 적이 있었는데, 회사가 부도가 나 사장이 홀로 야반도주를 했었다고 했다. 그래서 한국 사람에 대해서 인상이 그리 좋지는 않았었는데, 나를 만나보니 한국인이 친절하고, 세심하며, 특히 상상하기 어려운 체력과 정신력으로 일하는 모습을 보면 감탄할 수밖에 없다고 이야기를 하면서, 역시 한국 사람은 대단하다는 말을 자주 했다.

달리는 차창 밖의 유채꽃이 나를 더욱 슬프게 하던 그날, 나는 리핑에게 말했다.

"언제까지 운전사를 할 거냐, 평생 운전사로 그만 그만한 월급으로 살려고 하지 말고, 정식 직원이 되어 영업을 해라, 인생을 바꿔봐라."

그는 중학교 밖에 못 나와서 배운 것도 없고, 컴퓨터도 할 줄 모르고, 수준이 낮은 자신이 어떻게 거래처 사장님들을 상대할 수 있을지 모르겠다면서 고개를 설레설레 흔들고 손을 휘휘 저어댔다. 자신이 없다고 딱 잘라 말했다.

그래서 나는 물었다.

"너의 아들이 초등학교에 입학하면, 학교에서 선생님들이 설문지를 나누어 주면서 부모의 직업을 적으라고 할 것이다, 네 생각에 너의 아들이 아빠의 직업을 무엇으로 적는 것이 좋겠나?"

그가 묵묵부답으로 입을 다물고 있자 나는 덧붙여 말했다.

"리핑, 네가 너 자신을 못 믿겠다면, 너의 가능성을 알아보는 나,

박상윤을 믿어라."

물론 진심으로 한 말이었겠으나 나는 그저 말단 직원에게 지난 날의 나를 투영해 다그치는 말을 순간적으로 내뱉은 것에 불과했다. 그러나 그는 나의 말에 힘을 얻었고, 기회를 가져야겠다는 생각을 했다. 그는 이제 승진을 거듭하여 불과 3년이라는 짧은 기간에 우리 회사에서 영업을 제일 잘하는 인재가 되었다. 지금은 부장으로 승진하여 회사 내에 단독으로 사용하는 개인 집무실까지 있으며, 대학원, 대학을 졸업한 직원들의 리더가 되어 열심히 일을 하고 있다.

그는 내게 늘 마음을 다한다. 평생을 나와 같이하겠다는 태도 역시 아직까지 분명하다. 월급을 위해서 일을 하지 않고, 자기 인생을 바꾼 경험으로 더 멋진 자기의 미래 인생을 만들기 위해서, 또한 나와 같이 지금의 회사를 더 멋지고 행복한 그룹 기업으로 키우겠다고 남달리 열심히 하고 있다. 그는 밑바닥 인생의 경험으로 회사 업무를 하면서 불가능은 없다라고 말한다. 그리고 어떤 일도 무서워하지 않는 능력을 키워나갔다.

나는 그를 보면서 랄프 왈도 애머슨의 〈성공이란 무엇인가〉의 시의 앞부분에 나오는 한 줄을 떠올린다.

"남에게서 최선을 발견하는 것."

이것이 성공이라는 것이다. 그는 성공했고, 그로 인해 나는 더 크게 성공했다. 내가 돈을 벌기 위해서 돈에만 집중했더라면 운전사는 그냥 운전사로만 보였을지도 모른다. 내가 얻은 것은 리핑의 마음과 충성, 열정, 창의, 그의 아름다운 모든 것이다.

운전사가 출세하는 이상한 회사

그의 출세(!) 덕에 새로운 운전사를 뽑아야 했다. 면접을 보러 온 사람들 중 나의 보디가드를 할 수 있을 정도로 빵빵하게 근육 살이 보이는 건장한 친구도 한 명 있었다. 이름은 장강(張剛)인데, 회사에서는 이 친구를 모두 짱꺼라고 부른다. '꺼(哥)'라는 말은 '꺼거(哥哥)'의 준말로 형 혹은 오빠를 지칭하는 중국어이다. 모두들 이 친구에게 존경과 사랑을 담아 이렇게 부른다.

첫 번째 운전사였던 리핑의 성공적인 신분 상승 스토리를 들은 장꺼 역시 도전해보고 싶은 마음이 싹 트기 시작했다. 나뿐 아니라 주변의 다른 직원들도 앞의 리핑의 경우를 이야기하면서 그에게 용기를 심어주며 도전해보라고 설득을 하기 시작했다. 장꺼도 처음엔 자신이 없다며 단박에 거절했다. 낮은 학력에 힘든 잡일 경험밖에 없었기에 당연한 반응이었다. 그러나 언제부턴가 운전사로 만족한다고 이야기하던 그가 혼자 사무실 한 쪽 비어 있는 책상으로 가서 독수리 타법으로 컴퓨터 자판을 두드리며 타이핑 연습을 하기 시작하는 것이었다.

지금 그는 화공 제품을 판매하는 영업팀장이다. 원래 대학에서 화학을 전공한 팀장 밑에서 팀원으로 근무했는데, 짧은 시간에 탁월한 영업력을 발휘하여 그 팀장의 자리로 승진하였다. 대학을 졸업한 원래 팀장이던 친구는 처음에는 자존심이 상했겠지만 이제는 새로운 자기 팀장, 과거 자기가 출장을 갈 때 자동차를 몰아주던 운전사이었던 짱꺼를 팀장으로 존경하면서 일을 하고 있다.

그는 지금 무척 행복해한다. 아내는 시부모와 친정에 남편이 바뀌었다고 자랑을 하고, 아들 역시 아빠를 존경의 대상으로 보기 시작했다. 예전에는 노상 TV만 보거나 친구들과 마작을 하며 빈둥대던 아버지가 어느 날부터 프레젠테이션을 위해 노트북 앞에 앉아 준비를 하고, 마케팅과 경영 등에 관련한 책을 읽으니 자연스레 아들도 책상 앞에 앉게 되었다는 것이다. 그의 우락부락하던 풍채는 이제 서서히 부드러운 모습으로 바뀌고, 갈수록 얼굴이 깨끗해지고 광채가 흘렀다. 짱꺼의 변화되는 모습을 보면서 나 역시 행복해졌다.

장꺼 마저 영업직으로 자리를 옮기고 나니 또다시 운전사를 채용해야 했다. 직원들은 새로 온 운전사인 광꺼에게 그간의 운전사 승승장구 스토리(!)를 들려주면서 도전의 바람을 불러 넣었다. 그러자 그 역시 얼마 지나지 않아 영업 지원을 신청했다. 내가 보기에 그는 영업직 관상은 아니었다. 우리 회사는 기회가 충만한 회사였으므로 나는 그에게 한 달의 기간을 정해두고 도전을 해보라고 했다. 영업에 적응하기 어려우면 다시 운전사직으로 복귀할 것을 약속하고 일을 시작했다. 아닌 게 아니라 그는 숫기도 말재간도 별로 없어 실적이 영 부진했다. 수습기간이 끝나고 다시 운전사로 복귀할 수밖에 없었던 그는 자존심에 상처를 입었는지 사표를 썼다가 번복하기도 했다.

그러던 어느 날 나는 광꺼의 다른 면모를 보게 되었다. 외근을 나가 각종 기계, 공구 등을 구매하기 위해 인테리어 업자, 전기 공사업자, 공조기 업체, 콤프레셔 업체, 각공 공구 업체 등과 상담을 하는데, 그 기계 용어, 전기 용어를 나보다 훨씬 잘 알아듣는 것이 아닌가! 나는 이 방면에 좀 지식이 모자란데, 중국인 공급상이 하는 중국어를 광꺼가 듣고 내가 이해할 수 있도록 다시 중국어로 설명을 해주었다.

아무리 중국어를 잘한다고 하더라도 외국인인 내가 나서면 상대방 중국 공급업체는 처음부터 가격을 높게 부르는 경향이 있다. 그런 나를 대신해 광꺼는 능숙하게 상대방과 협상을 해서 경쟁력이 있는 조건으로 구매하는데 탁월한 실력을 발휘했다. 나는 기계에 능숙한 이 친구를 회사의 공장장으로 임명하면 좋을 것 같다는 생각이 들었다. 평소 말수가 없는 차분하고 정직한 성격인 광꺼에게는 더없이 적합한 직무이었다. 그리하여 나는 우리 회사의 세 번째 운전사를 첫 제조 공장의 공장장으로 진급시켰다.

내가 이 세 운전사들에게 판 것은 믿음이었다. 그리고 이들 세 운전사는 나로부터 신뢰를 샀다. 그 대가로 나는 이 세 사람을 얻었다. 이 훌륭한 세 사람들이 회사의 돈을 벌고 있다. 나는 때때로 그들의 마음을 통째로 얻은 기분이 든다. 직원들에게 기회를 주고 믿어주는 것, 그런 신뢰가 토대가 되어 수익을 창출하고 회사의 성장을 높인다는 걸 다시금 배웠다.

제일 예쁜 상하이 아줌마

처음 회사를 설립하겠다며 사무실을 구한 후 혼자 일하고 있을 때이다. 어떤 남자 한 명이 내 사무실에 들어왔다. 상하이 지사장으로 근무하던 시절 내 차를 운전해주던 운전사였다.

그가 나를 찾아와서 혹시 회계 담당 직원을 뽑을 생각이 있는지를 물었다. 내가 그렇다고 하자 그는 자신의 아내를 써주지 않겠느냐고 부탁을 해왔다. 아내가 다니는 회사가 출퇴근하기에 너무 먼 곳에 있기 때문에 보다 가까운 곳에서 일하게 하고 싶다는 게 이유였다. 나는 당장 그러마고 말할 수 없었다. 통상적으로 회계 사원은 젊은 여사원을 으레 떠올리기 마련이었다. 나는 며칠을 고민하다가 그의 아내에게 회계 업무를 맡기기로 결정했다. 생면부지의 사람보다는 원래부터 알고 지내던 사람의 부인이라면 돈을 믿고 맡길 수 있을 것 같아서였다.

우리 회사 입사 번호 1번, 첫 직원인 왕지에는 이렇게 입사를 했다. 회사의 재무를 맡게 되었지만 사실 그녀는 아주 간단한 기장과 출납 경험만 있을 뿐, 현금 흐름표(Cash Flow)의 개념도 갖고 있지 못했다. 영어는 A, B, C의 철자만 알 뿐, 철자 하나하나가 단어로 조합되면 눈앞의 영어 단어가 까맣게 보이는 그런 상태였다.

그러나 그녀의 업무 능력은 회사의 성장속도에 비례하듯 빠르게 향상되었다. 한 사람, 한 사람 직원 수가 늘고, 폭발적으로 늘어난 매입 매출에 따르는 각종 영수증 등 증빙 서류, 계약서, 기장 서류, 세관, 외환국, 세무국, 노동국, 은행 등 수없이 많은 일들을 혼자 감당해냈다. 구매하고 판매하는 영업 행위 자체는 영업 사원들이 했지만 기실 영업을 제외한 모든 일들을 혼자 열심히 해낸 것이다.

그녀는 언제나 밝게 웃는다. 단 한 번도 인상을 찌푸린 적이 없다. 직원들에게는 자상한 누나처럼, 자상한 엄마처럼 웃으며 같이 일을 해주고, 동갑인 내게도 누나처럼 늘 웃으면서 세심하게 잘 대하여 준다. 나는 그녀를 늘 왕지에('지에지에'는 누나라는 호칭)라고 부르고, 그녀는 가끔은 장난기가 가득한 웃음을 지으며 나를 '아띠'라고 부르면서 일을 한다('아띠'는 상하이말로 친근감을 표현하는 '아'와 동생이란 뜻의 '띠띠'의 합성어로 상하이 사람들은 남동생을 아띠라고 말한다). 아무리 일이 많아도 늘 웃는 얼굴, 자상하고 따뜻한 얼굴, 상대방을 배려하는 얼굴, 비가 오나 눈이 오나 무더운 여름이나 어떻게 이런 얼굴을 유지할 수 있는지, 그녀는 내가 알고 있는 제일 예쁜 상하이 아줌마이다.

　창업 초기에는 회사 차량이 없었다. 창업하면서 당장 차를 사기에는 현금을 아껴야 한다는 생각이 우선이었기에 나는 주변인들의 도움으로 차량을 빌려 타고 다녔다. 해가 바뀌면서 업무량도 늘고 직원도 늘어서 회사 차량이 부득이하게 필요했다. 그러나 회사의 자금으로 차량을 구매한다는 것이 쉬운 결정이 아니었다. 빠듯한 자금에 당장 차량은 필요한 터라 몇날 며칠을 고민하고 또 고민하던 차였다. 그때, 왕지에가 내게 와 선뜻 자신의 돈으로 차를 사고 나중에 회사 수익이 더 많아지면 갚으라면서 본인의 돈으로 차를 사자고 제안을 해왔다. 참으로 눈물 나게 고마운 말이었다.

　그날 집에 돌아가서 아내에게 왕지에가 한 이야기를 했다. 아내는 내 이야기를 듣더니 직원들에게 신세 지지 말라며 비축해둔 비상금을 주며 차를 사라고 했다. 이렇게 해서 처음으로 회사 차량을 사게 되었다. 왕지에가 차량을 구매할 돈을 빌려주겠다는 이야기를 하지 않았더라면 집에 가서 아내에게 왕지에의 고마운 이야기를 전하지 않았을 것이다. 그냥 혼자 고민만 했을 것이고 아내가 선뜻 차를 살 돈을 건네는 일이 일어나지 않았을 것이다.

창업 삼 년 차, 2010년에 들어서면서 수출 주문이 많이 증가되었다. 중국 업체로부터 런민비(人民币, 인민페)로 내수 구매를 한 후에 우리 회사가 수출 당사자가 되어 수출하는 주문들이 많이 들어오기 시작했다. 일부 선금을 받기도 했지만, 수출 선적이 완료되고 선적 서류 사본을 바이어에게 메일로 보낸 후에야 잔금을 받는 형식이었다.

수출을 하기 위해서는 우선 돈을 지불하고 제품을 구매하는 것이 선행되어야 하기 때문에 수출 오더가 늘어나면 자연스레 구매 자금 수요도 늘어날 수밖에 없었다. 나는 아파트를 중국은행에 담보로 제출하고, 유동 자금을 1년 단위로 대출받아서 사용하기 시작했다. 그러나 시간이 지날수록 오더는 더욱 급증했고, 구매 자금은 그에 맞게 더욱더 늘어났다. 물론 자금 흐름을 잘 예측하면서 진행을 하였기 때문에 큰 문제는 없었지만, 그래도 마음 놓고 수출 주문을 받기에는 구매 자금이 풍족하지 못해서 아쉬움이 있었다. 수출 주문이 더욱 늘어날 경우를 생각하니 스트레스가 쌓이기 시작했다.

이 모든 회사 재무 상황을 알고 있는 그녀, 왕지에가 또다시 내집무실을 찾아왔다. 남편과 상의를 했는데 남편도 흔쾌히 동의했다면서, 본인의 집을 담보로 제출해서 회사의 유동 자금을 대출받자고 제안했다. 그 순간 멍해졌다. 번개라도 맞은 듯 온몸이 전기로 마비되어 버린 듯 감동을 받았다. 그와 동시에 그런 제안을 받아들이기에는 너무 미안하고 부끄럽고, 아니 고마움과 만감이 교차하여 순간 말로 표현 못 할 상태가 되었다. 세상에 어느 직원이 자기 사장을 찾아와서 "나는 사장 당신을 믿는다, 당신이 앞으로 크게 성공할 것을 믿는다."라는 말로 사장을 격려하면서 자신의 집을 은행에 담보로 제공하겠다고 하겠는가?

왕지에는 신이 내린 '차이션(재물의 신, 財神 , 중국어 발음으로 차이션이라고 함)'인 것 같았다. 그녀와 함께 시작한 회사에 "왕지에가 차이션이 되어 있으니, 회사가 갈수록 부자가 될 수밖에 없지 않겠는가?"라고 선언하고 싶었다. 늘 웃는 차이션, 그녀의 이름은 왕지에, 그녀의 인격은 왕차이션이었다.

요즘 창업을 고려하거나 혹은 상하이에 법인이나 사무소를 내려고 계획하는 한국 분이나 한국 회사와 이야기를 할 때면 우리 회사 왕지에 스토리를 이야기해준다.

"회계 사원은 절대로 상하이가 아닌 외지의 사람을 뽑지 마라, 반드시 상하이에 남편이 있고, 친정이 있고, 자녀들이 있는 상하이 사람으로 뽑아라. 절대로 예쁘고 젊은 미혼의 여자를 뽑지 마라."

회사의 큰 누나인 차이션을 모시는 일을 잘해야 회사가 튼튼해진다고 말이다.

그녀가 왜 그토록 나를 믿었을까? 그녀의 남편은 왜 나를 존경한다고 했을까? 왜 이들 부부는 자기 집을 내 회사를 위해서 선뜻 담보로 내놓았을까? 답은 내가 말하지 않아도 이 글을 읽는 분이라면 마음속에 이미 답을 알고 있을 것이다. 돈을 벌려고 하면 돈이 도망간다. 돈을 쥐어 잡으려 더욱 가까이 다가가면 돈이 더 멀리 도망갈 수도 있다. 사람의 마음을 먼저 벌어야 한다. 돈을 벌려고 하기 보다는 친구를 사야 한다(Don't try to make money, But try to make friends). 그들의 마음을 벌어야 한다.

대어를 낚으려면 낚싯줄이 길어야

중국 사람들이 가끔 하는 말 중에 '放长线, 钓大鱼(팡창시엔, 띠아오따위).'라는 말이 있다. 낚싯줄이 길어야 큰 물고기를 잡을 수 있다는 말이다. 중국인들의 지혜를 느껴볼 수 있는 말이다. 여러 각도로 해석할 수 있겠지만 나는 이 말을 "큰일을 이루기 위해서는 긴 호흡이 필요하다."로 해석하고 싶다.

기업가는 돈을 벌기 위해서 사업한다는 생각을 해서는 안 된다. 사업을 하는 것이지 돈을 버는 것이 아니다. 돈을 버는 것과 사업을 하는 것은 철학적으로 큰 차이가 있다.

중국인의 지혜인 위의 여섯 글자 중에서 마지막 글자 '어鱼'는 물고기를 이야기한다. 이 글자를 '어渔'자로 바꾸어 말하고 싶다.

漁는 어부, 어민의 '어' 자이다. 큰 물고기, 큰 오더를 잡기 위해서 오랜 공을 들이며 인내하는 것도 중요하지만 그보다 더 중요한 것은 물고기를 잡는 어부를 잘 들여야 한다는 점이다. 낚싯줄을 길게 늘이고 큰 물고기를 잡는 지혜로운 어부, 충실한 어부를 낚아야 한다. 내가 믿는 바를 믿는 어부, 나를 믿는 어부, 내가 그려보는 미래를 믿는 어부, 한마음으로 서로 사랑하고 존경하며 협업하는 어부를 얻어야 한다. 이들의 마음을 얻어야 한다.

앞서 네 사람의 어부를 소개하였다. 세 사람의 운전사가 이제는 부장과 팀장, 공장장이 된 꺼거들이다. 상하이에서 가장 아름다운 아줌마 차이션 왕지에, 나는 이들을 사랑할 수밖에 없다. 나의 가장 듬직한 어부들!

'셔더', '셔부더', 낮은 곳을 향하여

마인드 맵핑, 중국 직원의 눈물

적극적인 표현이 가능한 중국

동기화와 클라우딩

2부

마음을 낮추어야
마음이 통한다

chapter 1

'셔더', '셔부더', 낮은 곳을 향하여

반가운 얼굴을 마주하며

얼마 전 짧은 일정으로 서울 출장을 다녀왔다. 코엑스에서 산업 안전용품전시회가 있어서 참관하고, 거래처 분들도 만나기 위해서 였다. 상하이로 돌아오는 날, 김포 공항에서 보딩티켓을 받기 위해서 길게 늘어선 줄에 서 있는데 뒤에서 "피아오종!" 하고 부르는 소리가 들렸다(피아오종이란 朴总, 박 사장이라는 중국어). 뒤를 돌아보니 장궈펑의 반가운 얼굴이 보였다. 그녀는 13년 전, 내가 다니던 대기업의 상하이지사 소속 직원이었다.

지금이나 그때나 미국, 유럽 회사들의 중국 직원들에 대한 급여는 한국이나 일본계 회사들의 지급 수준보다 월등하게 높다. 한국의 대기업들 입장에서는 업무 능력이 출중한 중국 직원을 오래 붙잡아 두기가 쉽지 않다. 상하이에 있는 한국계 대기업들의 지사장, 주재원들과 교류를 하다 보면 중국 직원들에게 소신을 가지고 급여를 올려줄 수 없어서 우수한 인재를 잃게 되는 어려움들을 많이 듣게 된다. 현지법인이나 지사, 사무소의 급여는 한국 본사에서 가이드라인을 정해주기 때문에, 중국 직원 개개인의 구체적인 능력에 맞도록 중국 책임자가 급여를 탄력 있게 결정할 권한이 없어 어려움을 겪는 것이다.

훌륭한 직원이었던 장궈핑도 그런 케이스 중 하나였다. 그녀는 저명한 글로벌 기업인 GE로 이직하기로 결정된 후 사직서를 들고 내게 왔다. 업무실로 찾아온 그녀와 단둘이 앉아서 그녀가 퇴사하지 않도록 설득했으나 그녀 역시 내가 자신의 입장을 이해해주도록 나를 설득했다. 서로를 설득하려는 대화를 나누면서 둘이서 길고 길게 이야기를 했지만 결국 나는 만류하지 못했다.

긴 이야기를 하는 도중에 장궈핑은 내 앞에서 눈물을 흘리면서 회사를 떠나는 미안함을 호소했다. 그녀의 눈물을 보면서 더 이상 붙잡을 수 없었다. 똑똑하고 업무 능력도 뛰어난데다가 대인 관계에서도 원만했던 직원을 보내야 하는 마음이 안타까웠다. 직속 상사였던 담당 주재원 때문에 일하는 게 불편하다는 속마음을 털어놓았던 그녀의 이야기를 듣고 담당 주재원에 대한 원망의 마음까지 치솟았다. 내 탓으로 돌리고 어쩔 수 없다는 마음으로 그녀를 보내주어야 했다. 그리고 십여 년의 세월이 흐른 것이다.

나를 울리는 직원, 웃게 하는 직원

중국어에 '舍得', '舍不得'라는 말이 있다. 앞의 두 글자는 '셔더'로 발음되는 말로 '버려도 좋다.'라고 해석될 수도 있고 '버리더라도 안타깝지 않다.'라는 뜻을 나타내는 말이다. 뒤의 '舍不得'라는 세 글자는 '셔부더'로 발음이 되는 말인데, '버릴 수 없다.'라고 해석되는 말로, 버리기에는 안타깝다는 뜻이다. 다양한 상황에서 사용되는 표현이다.

가령 중국인들의 지혜가 넘치는 철학을 엿볼 수 있는 환경에서 중국인들은 '셔더'를 자주 이야기하곤 한다. 우리가 기꺼이 버릴 줄 알아야 비로소 얻는 것이 있다는 뜻이다. 소심한 마음, 자기만의 욕심, 물질에 대한 욕망, 눈앞의 작은 이익, 이런 것들을 '셔더'할 때 비로소 더 큰 것을 얻을 수 있다는 가르침을 주는 철학이 담겨 있다. 반대로 '셔부더' 하면, 즉 이런 부질없는 미망들을 버리지 못하면 더 큰 경지에 오를 수가 없다.

상하이에서 오래 살다가 누군가 한국으로 귀국하여 이사를 갈 경우, 중국 친구는 그 한국 친구에게, '셔부더'라고 이야기를 할 수 있다. 舍不得 你走(뒤의 두 글자, 니조우, 당신이 가는 것을 의미), '당신이 가는 것이 정말 아쉽다, 보내고 싶지 않다.'라는 심정을 말하는 것이다. 반대로 나에 대한 사랑이 식어버려 다른 연인을 찾아 떠나는 이성 친구를 보내면서 마음속으로 '舍得 你走'라고 말한다면, '그래, 떠나거라. 나도 미련 없다.'라는 뜻으로 해석이 될 수 있는 표현이다.

중국 직원과 같이 일하다 보면 떠나보내야 하는 직원, 떠나는 직원들을 많이 겪게 된다. 중국에서 18년 가까이 일을 해오면서 주재원으로 근무하던 시절이나 창업한 회사에서 근무하고 있는 지금이나 직원들이 떠나는 것을 피할 수는 없다. 가족처럼 그들과 같이 노력하고, 온갖 애증을 겪으니 그들과의 헤어짐 또한 마음 아픈 경험을 겪게 된다. 장궈핑은 '셔부더' 직원이었다. 그녀가 떠날 때, 내 마음은 무척 아팠고 어떻게 해서라도 붙잡고 싶었다. 그녀를 보내고 나서 마음속으로 많이 울었다.

그녀 말고도 또 다른 직원이 있었다. 그 직원은 사무실로 찾아와서 사표를 내겠다고 이야기했다. 그 친구 역시 독일의 글로벌 회사의 상하이 지사로 더 높은 급여를 받고 이직하기로 결심하고 찾아온 것이다. 개인 사정으로 사표를 낸다는 이야기를 듣고 속으로 무척 기뻤다. '드디어 이 친구가 알아서 회사를 떠나주는구나.' 마음속으로 쾌재를 불렀다. 내게 그 직원의 존재는 그러했다. 그러나 겉으로 그렇게 표현을 할 수 없는 일이라서 진지하게 심각한 표정으로 다시 생각해보지 않겠느냐는 마음에도 없는 말을 했다.

기업을 하면서 떠나는 직원들과 좋은 모습으로 헤어지는 것은 아주 중요하다. 언제 다시 만날 수도 있고, 다시 만나지 않더라도 좋은 인상을 가지고 헤어지는 것이 좋다. 헤어짐을 잘못하면 때로는 서로 얼굴을 붉히고, 법적 문제로 번질 수도 있다. 지금까지 18년을 근무하면서 떠나는 직원들이 나에 대해서 좋은 인상을 가지고 헤어지고, 떠난 후에도 나에 대해서 늘 좋게 이야기를 하도록 잘 처신을 해왔다고 나름 자부한다. 설령 내가 떠나기를 요구하여 퇴사하는 직원에게도 헤어짐을 잘하려고 노력해오고 있다.

장궈핑은 '셔부더'이었고, "너 떠나는 것이 나를 아프게 해."라고 말할 수 있는 그런 직원이었다. 두 번째 직원의 경우는 반대로 '셔더' 직원이었다. '셔더'는 "너 떠나도 나는 하나도 괴롭지 않아, 조금도 마음 아프지 않아, 사실 속으로 기뻐."라고 말하고 싶은 직원이었다.

지난 십여 년 동안 수많은 중국 직원들을 겪어 오면서 기회가 되면 그들에게 이야기를 해주었다.

"자네는 '셔더' 직원이 될 것인가, 아니면 '셔부더' 직원이 될 것인가?"

두 단어의 엄청난 차이에 대해서 강변을 해주곤 했다. 당신이 회사를 떠날 때, 회사에서 붙잡고 싶어 하고 떠나보내게 되어 마음 아파하게 될 사람이 될 것인지 아니면 당신이 "회사가 싫다. 문제 많은 회사를 더 이상 다니고 싶지 않다."라면서 떠날 때, 회사나 동료들이 당신이 떠나는 것에 대해서 조금도 서운함을 느끼지 않는 '셔더' 직원이 될 것인지.

떠나든 안 떠나든 존재감을 못 느끼거나, 혹은 오히려 떠나 주어서 고맙다고 생각하게 된다면 그 사람은 '셔더'의 존재였던 것이다. 그런 사람은 그 회사에서 실패한 사람이고, 다른 회사나 조직에 가서도 성공하기가 어려운 사람일 것이다.

떠나면서 나를 서운함에 울게 하는 직원, 떠나 주어서 나를 웃게 하는 직원 중에 어느 쪽이 될 것인가? 우리 회사 직원들이나 지금 어느 직장, 어느 조직에서 일하고 계신 분들이라면 스스로에게 물어보아야 할 질문이다.

지금 있는 그 자리에서

며칠 전 우리 회사에서 팀장을 하고 있는 한국인 여직원과 점심을 같이 하고 커피를 마시면서 가벼운 담소를 나눈 적이 있었다. 그녀가 문득 작년에 우리 회사를 퇴사하고 상하이 변두리에서 조그만 한식 식당을 개점한 조선족 동포 직원 이야기를 했다. 음식에 대해서 전혀 감각도 없고 만드는 취미도 없어서 찌개 하나 제대로 끓이지 못하는 사람이 식당을 차려놓고 주방장 눈치를 보느라 스트레스를 엄청 심하게 받고 있다고 했다.

식당 주인이 된 옛 직원은 결혼을 앞둔 아들을 둔 어머니였다. 그녀는 돈을 벌고 싶다는 생각에 늘 발목이 잡혀 회사 일에 집중을 못하곤 했다. 어느 날 그녀의 책상 가까이 지나가면서 보니 업무 시간인데 일을 하지 않고, 로버트 가와사키가 쓴 《부자 아빠, 가난한 아빠》라는 책을 보고 있었다. 나도 그 책을 읽은 적이 있어 그녀의 머릿속에 어떤 생각이 들어있는지 짐작할 수 있었다.

사장이란 아주 민감한 사람이다. 아내의 머리 손질, 얼굴 표정, 심리 상태를 잘 캐치하지 못하는 무감한 남편일지라도, 회사에서는 직원들의 뒤태만 보아도 직원의 심리 상태를 환히 들여다볼 수 있다. 사무실 문을 드나들면서 얼핏 눈에 들어오는 직원의 모습, 옆자리를 스쳐 지나가면서 직원을 감싸고 있는 공기, 저 앞에 걸어가는 뒤 모습, 걸음걸이, 의도하지 않아도 그냥 아주 민감하게 피부로, 가슴으로, 머리로 순식간에 직원의 상태가 포착된다. 그렇기 때문에 최근에 좀 이상한 것 같다고 생각되는 직원이 있으면 조용히 불러서 대화를 하곤 한다.

사람마다 리더십의 방법은 다 다르기 때문에 어떤 방법이 더 좋다고 단언할 수는 없지만, 나는 멘토 역할을 자처하면서 직원들에게 다가간다. 특정 사안이나 업무 태도에만 집중해 이야기하기보다는, 그가 삶을 대하는 태도에 대하여 이야기를 하기 시작한다. 직원에 따라서 세 시간 정도, 아니 그 이상 긴 시간 이야기를 하는 경우도 많다.

그녀가 우리 회사에 근무할 때 그녀와 몇 차례 긴 대화를 나눈 적이 있었다. 한 번 대화를 나누면 최소한 한 시간 이상 인생을 어떻게 살 것인지 이야기를 해주었다. 이 친구는 매일 책상에 앉아서 이런저런 궁리를 많이 했다. 남들 옷 가게 하는 것도 부럽고, 식당 하는 것도 부럽고, 이 직원의 눈에 보이는 길거리의 모든 가게는 전부 돈을 많이 버는 것처럼 보였던 것이다.

장군이 되고 싶지 않은 사병은 좋은 사병이 아니다. 나도 피고용인으로 20년이나 직장생활을 하다가 회사를 차려 고용주가 된 셈이다. 나는 우리 직원들 앞에 두 갈래의 선택이 있다고 본다. 하나는 언젠가 스스로 창업을 하여 사장이 되는 것, 또 하나는 우리 회사에서 사장이 되는 것이다.

사장으로서 나는 우리 직원들이 적당히 월급 받고 적당히 사는 것이 인생이라 생각하며 그저 그렇게 사는 것을 원치 않는다. 삶을 그렇게 다꽁(打工, 월급 받고 일하는 것)에 그친 안일한 생각으로 살아서는 안 된다. 하루하루 최선을 다해 살아서 언젠가 회사의 리더가 되거나, 스스로 회사를 차려 사장이 되겠다는 마인드가 필요하다. 평생을 월급쟁이 마인드로 살아서는 안 된다. 주인 의식, 마치 본인이 사장인 양, 또 언젠가는 스스로 사장이 되겠다는 생각으로 눈 똑바로 뜨고 정신 차리고 매일 열심히 살아야 한다고, 나는 직원들에게 귀에 딱지가 앉도록 말해주곤 했다.

그녀는 회사에 있는 동안 눈앞의 회사 업무에 집중하지 않았다. 회사로부터 급여를 받으면서도 마음은 회사 밖에 있었다. 마음은 길거리의 옷 가게로, 어느 길의 예쁜 커피숍으로, 손님이 북적대는 식당으로 떠다녔다. 식당에도 종업원이 존재한다. 구매, 판매, 재무, 인사, 품질 관리 모든 경영의 내용들이 있는 것이다. 그녀가 회사에 다닐 때 '지금 있는 곳', 지금 다니는 회사의 업무를 열심히 하지 않았기 때문에 그녀는 회사에서 배운 것이 별로 없는 것이다.

이제 그녀는 주방장의 눈치를 보는 스트레스가 너무 심하여 또다시 일탈을 생각하고 있는지도 모른다. '식당 때려치우고 옷 가게 할까? 그냥 다시 취직할까?' 하는 생각으로 시간을 보내고 있을지도 모른다. 그녀가 운영하는 식당의 주방장이나 종업원들이 음식의 맛이나 손님에 대한 서비스, 식당의 비전에 생각을 집중하지 않고, 마음은 늘 다른 곳에 있으면서, '지금은 월급을 받고 있으니 적당히 대충 일을 하고, 나중에 내가 스스로 사장이 되면 열심히 할 거야.'라고 생각하고 있다면 어떻게 할 것인가? 주인 의식이 없는 종업원들로 인해 그 식당은 그다지 번창하지 못할 것이다. 그녀가 우리 회사에 다닐 때 '지금 있는 자리'에서 최선을 다했다면, 그녀는 식당의 주방장 눈치를 보는 것 때문에 스트레스를 받지 않고 오히려 주방장의 마음을 샀을 것이다. 주방장이나 모든 종업원들에게 존경받았을 것이고, 모든 종업원이 신나게 일하는 일터의 주인이 될 가능성이 많았을 것이다.

　직장 생활하는 분들이나 해외 주재원으로 일하는 분들에게 권하고 싶은 말은 지금 회사의 직원으로서, 회사의 주재국 대표로서 회사의 일에 집중하고, 최선을 다하라는 것이다. 최선을 다하는 과정에서 많은 것을 배운다. 먼저 최선을 다하는 습관이 몸에 붙어야 한다. 지금 있는 자리에서 최선을 다하는 것의 습관은 다른 일을 할 때도 같은 태도를 취하게 만들어 준다. 이것이 성공의 가장 중요한 기초체력이다. 최선을 다한 당신은 존경을 받을 것이다.

　그래야만 언젠가 조직을 떠날 때, 당신은 '셔부더'의 주인공이 될 수 있다. 사람들이 당신을 떠올릴 때면, 참 열심히 성실하게 일하는 사람, 믿어도 좋을 사람으로 기억할 것이고, 당신이 조직을 떠난 것이 참 아쉬운 일이라고 생각을 할 것이다. 그리고 그들은 계속 당신의 선배, 친구, 후배가 되기를 원할 것이다.

'셔부더' 직원을 보내면서

　회사의 중책을 맡길 인재로 육성하려고 생각했던, 무척 사랑해주고 참으로 아껴주었던 직원이 떠날 때가 있다. 사랑해주었던 그 깊이만큼, 떠나는 것을 보는 마음에 상처가 깊어진다. 때로는 눈물로 보내는 직원도 있고, 때로는 배신당했다는 기분에 입안이 씁쓸할 때도 있다. 실망스러워 할 말을 잃게 되는 경우도 있다. 이렇게 마음이 아플 때 경영자로서, 회사 대표로서 스스로 치유할 방법을 찾아야 한다. 나는 이런 생각을 하며 상실감을 극복했다.

"그래, 떠난다니 우선 떠나거라. 하지만 먼 훗날 혹은 가까운 언젠가 우리 회사가 더욱 성장하고, 더욱 행복한 기업이 되고, 존경받는 기업이 되었다는 소문을 듣게 해주마. 그리고 네가 다시 돌아오고 싶은 회사로 키울 것이다."

이런 다짐을 되뇌다 보면 이내 서운한 마음이 없어진다. 나를 떠났다고 원망할 필요도 없게 된다. '너 떠났지만 나 안 죽어.' 이런 속마음이 된다. 이런 자신감으로 떠남에 당당해지면 떠나는 직원을 마음으로부터 포용할 수가 있다.

직원 중에 '우젠젠(吳娟娟)'이라는 장시성(江西省) 출신의 여직원이 있었다. 해외에 나가 본 일이 한 번도 없는 직원인데, 대학에서 메디컬 영어를 전공한 까닭에 영어가 매우 능숙했다. 그녀가 영어로 이야기하는 것을 들으면 원어민이 이야기하는 것 같아서 내 귀가 아주 편해지는 것을 느낄 정도였다. 성격도 좋고, 두뇌 회전도 빨라 영어도 잘하고 부지런했다. 예뻐한 직원이라서, 이름을 부를 때는 성을 빼고 '젠젠'이라고 불렀다. 우리 회사에 입사하기 전에 다른 회사에서 반 년 정도 인턴으로 일한 것이 사회 경험의 전부여서 수출 실무를 몰랐던 그녀는 아주 빠른 속도로 수출 업무의 많은 것을 배워

갔다. 입사한 지 삼 년 만에 부장으로 승진을 시켜서 수출 담당 직원들의 리더가 되도록 만들어 주었다.

그러나 이것이 화근이었다. 그녀를 너무 빨리 승진시켰다는 것을 나중에 깨달았다. 젠젠은 그때 당시 나이가 서른 살도 채 안 되었다. 젊음을 즐길 나이였다. 그런데 팀의 리더를 맡기니 매월 실적을 책임져야 하는 부서장의 중압감을 견딜 수 없어했다. 그녀에게 해외 출장 경험과 잠재 바이어를 개발할 기회를 주려고 독일 뒤셀도르프에서 개최되는 산업 전시회를 참관하는 출장을 다녀오라 한 적이 있었는데 그녀는 첫 해외 출장의 기쁨보다 스트레스가 더 쌓였는지 결국 퇴사를 결정하고야 말았다.

젠젠은 회사를 떠난 후 고향인 장시성으로 내려가 한동안 쉬더니 다시 상하이로 돌아와서 다른 무역회사에 취직했다. 나는 회사 사내 커플의 결혼식이 있던 날 오랜만에 그녀를 보게 되었다. 내가 무대 위로 올라가서 신랑 신부 두 사람의 회사 대표 자격으로 결혼 축사를 하고 내려오자 불쑥 젠젠이 무대 위로 올라갔다. 상하이에 거주하는 신랑의 대학 동창들 대표로 축사를 간단히 하고 나서 한마디 더 하겠다고 했다.

그녀는 우리 회사를 떠날 때의 아쉬움을 이야기했다. 결혼식에 참석한 우리 회사 직원들을 보니 처음 보는 얼굴들이 많이 늘었다면서 회사의 발전을 축하한다고 했다. 그리고 나더러 무대 위로 올라오라고 했다. 무대 위에 오르니 모든 직원들과 하객이 지켜보는 가운데, 자기가 가장 존경하는 피아오종(박 사장)께 감사 표시로 허그를 하고 싶다고 하는 거였다. 고마운 말에 감동되었다.

젠젠이 회사를 떠난 후에도 우리 회사가 더 성장한 모습을 그녀에게 보여줄 수 있게 되어 내심 기분이 흐뭇했다. 젠젠에게 옛날 링다오(领导, 중국에서는 리더를 영도자라 함)로서 따뜻한 마음으로 반가움을 표시했다. 언젠가 그녀가 다른 회사에서 피로감을 느끼면 언제라도 다시 우리 회사로 돌아오도록 기꺼이 받아들이는 날을 가끔 상상하곤 한다.

당뇨병에 걸리지 않으려면

중국에서 근무한 지 얼마 안 되어 발견한 것은 중국 사람들은 말재주가 좋다는 점이었다. 말을 못하는 사람이 없는 것 같았다. 우리가 TV에서 간혹 북한 관련 영상을 보면, 북한의 초등학교 학생들이 한 손을 들고 큰 소리로 웅변하는 것처럼 이야기하는 모습이 나온다. 중국도 사회주의 국가이다 보니 초등학교 때부터 그와 같이 말하는 교육을 받았기 때문에 이렇게 말을 잘하는 것인가 하고 생각을 해보았다.

나는 말을 잘하는 중국 직원들이 참 좋다. 한국 회사에서는 부장이 회의를 주재하면 신입 사원이나 입사한 지 몇 년 안 된 직원들은 회의 중에 입을 꼭 다물고 있다. 부장이나 과장이 의견을 이야기해보라고 하면 잔뜩 긴장해서 말을 못하고 연신 애꿎은 머리만 긁적일 뿐이다. 의견은 고사하고 그저 윗분들 말씀에 따르겠다는 태도를 보인다. 그런데 중국 직원들은 갓 학교를 졸업하고 입사한 새내기들조차 말을 잘한다. 회사에서 회의를 하는 까닭은 다양한 의견을 수렴하기 위해서이니, 응당 말을 잘하는 직원을 더 좋게 평가하게 된다. 회의를 할 때 자기 의견을 이야기하지 않고 그저 예스만을 말하던가, 속으로는 딴 생각을 하면서 말을 하지 않고 회의가 끝난 후에 이러니 저러니 뒷말을 하는 사람들은 회사에서 좋은 평가를 받을 수 없다. 회의에서 말을 하지 않는 직원이 왜 내게 필요한 것인지 리더라면 의심을 하게 된다.

리더 한 사람이 모든 것을 알 수 있는 전지전능한 천재가 될 수는 없는 법이다. 그렇기 때문에 같이 토론해보자고 회의를 여는 것이다. 자신의 의견을 이야기하지 않는 직원은 아무 생각이 없는 직원으로 보이는 것이 당연하고, 리더는 그런 직원을 필요한 구성원으로 여기지 않을 것이다.

또 하나, 중국에는 '링다오'를 강조하는 문화가 있다. 국가의 리더이든, 동네 주민 자치회의 리더이든, 사람들이 모인 곳의 리더이든, 모든 리더를 링다오(영도자)라고 부른다. 조직의 링다오가 되면 직원들로부터 존경의 언사를 많이 받게 된다.

한국에서는 부하 직원들이 상사 앞에서 상사에게 내놓고 존경과 칭찬의 언사를 잘 하지 않는다. 마음속으로는 존경을 하지만 말로 표현하기가 쑥스럽기 때문이다. 그런데 중국 직원들은 '존경하는 링다오(존경하는 지도자)'로 시작하는 말을 꺼내 상대방에게 존경심을 표현한다. 중국에서 근무해온 숱한 시간 동안 들어온 말이 '존경하는 피아오종, 존경하는 링다오.'였다. 셀 수 없이 들었던 말이다.

낯간지러운 말조차 어색함 없이 자연스럽게 표현하는 중국 직원들에게 익숙해지면 마치 가족 같은 느낌이 든다. 그러나 인격적으로 나를 존중해주던 그들도 언젠가는 떠난다. 그중에는 아픔을 주고 떠나는 직원들도 있다. 그 아픔을 이기는 방법은 당뇨병을 예방하는 것과 같다. 당뇨병은 당도가 높은 음식을 자주 먹게 되면 걸릴 위험이 있는 병이다. 당뇨병은 잘 관리하지 않으면 여러 가지 합병증을 가져온다. 당뇨병이 무서운 병이란 것을 많은 사람들이 익히 알고 있다.

내 어머니도 당뇨병을 앓으셨다. 연세가 드시면서 여러 합병증이 오셔서 손자들이 대학에 가는 것도 못 보시고 먼저 떠나셨다. 제대로 효도 하지도 못했는데 어머니는 사랑하는 아들에게 사랑의 가르침을 주셨다.

"입에 단것을 먹지 마라. 귀에 달짝지근한 말을 듣는 것을 삼가라. 입으로든 귀로든 단 것을 조심하라."

평생 비만이었던 어머니께서 세상을 먼저 떠나시면서 아들에게 남긴 유언과도 같은 가르침이셨다. 당뇨병은 한 번 걸리면 합병증이 올 수 있고, 쉽사리 완치되기 힘들다. 나는 어머니 때문에라도 설탕이나 기타 단 것을 경계하는 버릇이 생겼다. 어머니의 가르침 덕분에 단 것이 귀에 들어오면 가려서 듣는 귀를 얻은 것이다.

헤어짐이란 어떤 의미에서 리더가 응당 겪어야 할 자리다. 그 자리는 영광의 자리가 아닌, 아픈 경험을 피할 수 없는 자리이다. 모든 것을 참아내야 하고, 모든 것을 책임져야 하는 자리이다. 리더의 위치는 결코 높은 곳에 있지 않다.

리더는 항상 낮은 곳에 있어야 한다. 잘하는 직원들은 더 잘하도록 칭찬해주고, 사랑해주고, 더 성장하도록 도와주어야 한다. 부족한 직원은 가르쳐주고 깨달음을 주고, 격려를 해주어야 한다. 잘하는 직원이든 못하는 직원이든 언젠가 그들 중 누구와 헤어지는 날이 오기 전까지 같이 근무하는 동안은 늘 사랑의 마음으로 대해주어야 한다. 리더인 자신에게 직원이 쓴 소리를 하면 달게 마시고 단맛 소리를 하면 걸러서 들어야 한다.

리더로서 우리 스스로 직원들 위에 서고 싶은 마음을 '셔더'해야 비로소 '셔부더'의 직원을 줄일 수 있게 되는 것이다.

마인드 맵핑,
중국 직원의 눈물

마인드맵 경연대회

회사 전 직원들과 함께 '마인드맵 발표 경연대회'를 진행한 적이
있다. 직원들의 얼굴은 마치 야유회에 나가는 모습인 것처럼 웃음이
가득하고 눈빛이 살아 있는 분위기였다. 심사위원으로 모신 최 원장
은 그날 행사를 하기 전에는 한 번도 우리 직원들을 대면한 적이 없
었다. 최 원장이 우리 직원들의 모습을 객관적으로 보면 어떤 인상
을 받게 될지 궁금했다. 직원들에 대한 인상이 곧바로 나의 경영 능
력에 대한 평가로 이어질 수도 있기 때문이다.

직원들이 외부에서 오신 분에게 좋은 인상을 줄 수 있기를 내심
으로 희망하며 심사위원인 최 원장을 모시고 행사장에 막 들어서던
순간, 눈에 들어오는 직원들의 첫 모습은 내 마음을 아주 편하게
풀어주었다. 행사장에 가득한 활기와 열정, 그리고 웃고 떠들며 신

이 나서 즐거워하는 모습을 보니 오늘 행사를 개최하길 참 잘했다는 생각이 들었고 나도 그 분위기에 곧바로 빠져들 수 있었다.

이날 행사의 제목인 '마인드맵 발표 경연대회'라는 이름과 회사 로고가 같이 프린트된 플랜카드가 회의실 밖 도로 쪽으로 향한 창이 있는 벽 쪽에 걸려 있었다. 행사의 준비를 맡은 직원들이 그날 필요로 하는 프레젠테이션의 기구와 도구들, 그리고 차와 커피, 약간의 과자 등을 미리 준비하여 두고 우리를 기다리고 있었다.

마인드맵으로 스토리라인 구성

마인드맵을 처음으로 알게 된 것은 대학 동창인 이재규 작가의 소개 덕분이었다. 처음에는 마인드맵이 신입 사원 연수 시절에 공장에서 생산 교육을 받으면서 배웠던 ISHIKAWA 물고기 뼈(Fish Bone)와 같은 종류의 기법으로 이야기나 업무, 혹은 전략의 줄기 등을 찾는 방법일 것이라는 정도로만 생각을 하고 크게 귀담아듣지 않았었다. 그러던 중 상하이에서 일부 한국 교민들에게 책 쓰기에 대해서 지도를 하고 있던 친구가 책 쓰기 모임에 참석한 사람들에게 각자의 책 쓰기와 출판 계획에 대하여 마인드맵이라는 소프트웨어(혹은 어플리케이션)를 이용하여 계획 혹은 할 일들을 정리하여 오라고 숙제를 내준 적이 있었다. 책 쓰기 모임의 회원이었던 나도 과제를 위해 인터넷에서 마인드맵 소프트웨어를 다운 받아서 처음으로 작성을 해보았다.

약 한 달 정도 지난 뒤에 상하이한국상회에서 주최를 하여 개최된 재상하이 한국유학생 진로 설정을 위한 세미나에 강사로 초청을 받은 적이 있다. 내게 주어진 강의 제목은 <창업 성공 스토리>이었지만 주최 측의 주문은 좀 난감한 것이었다. 내 개인적 삶보다는 우리 회사의 창업과, 성공하기까지의 스토리만을 이야기해달라는 것이었다. 편한 마음으로 그간 창업을 하고 지난 몇 년간 경험한 것들을 이야기하면 되겠지 하고 생각했다가 난제에 봉착한 심정이었다. 어떤 내용으로 강의를 해야 스스로 잘난 체한다는 인상을 주지 않으면서도 학생들이 내 강의를 통하여 충분히 배우고 감동을 받을 수 있을지 고민스러웠다.

강의 준비를 하던 중에 문득 마인드맵이라는 소프트웨어를 열어 스토리라인을 구상해보기 시작했다. <성공 스토리>라는 강의의 제목을 적고 이야기를 할 내용의 큰 가지를 적어보고, 각 가지 별로 이야기를 해줄 상세한 핵심 내용들에 대해서 다시 작은 가지들을 몇 개씩 만들어 나가기 시작하였다. 이렇게 큰 가지 몇 개를, 큰 가지들에는 각각 몇 개씩의 작은 가지들을 붙이고, 그런 작은 가지들에게 다시 또 다른 더욱 작은 가지들을 붙여 나가기 시작했다.

PC 화면에 마인드맵이라는 도구를 열어놓고 한편으로는 생각을 더듬어 보면서, 다른 한편으로는 그림을 그려보았다. 이렇게 한 결과 많은 시간을 투입하지 않고, 강의할 전체 스토리의 나무와 나뭇가지들이 완성되었다. 마인드맵이 참 좋은 도구라는 느낌이 확 다가왔다. 마인드맵 덕분에 강의할 내용의 윤곽을 완성하고, 이를 토대로 파워포인트로 몇 장의 강의 프레젠테이션 자료를 만들었다. 파워포인트로 작성을 마친 후에는 다시 프레지라는 프로그램을 이용하여 프리젠테이션 작업을 좀 더 생동감 있게 만들었다.

마인드맵 경연대회, 마치 K팝 가수 오디션처럼

회사에서 마인드맵 경연대회를 열기로 했다. 평가는 최근 TV 채널에서 유행처럼 진행되는 서바이벌 오디션 프로그램 방식을 반영하기로 했다. 회사의 동사장인 나와 총경리, 그리고 회사의 사외이사 역할을 해주는 친구 이재규 작가와 외부 심사위원으로 초청한 차이나CS아카데미 최진영 원장이 심사위원이 되었다.

직원 한 명씩 개인별로 주어진 약 15-20분 동안 마인드맵을 발표하고 나면 심사위원들이 즉석에서 점수 카드를 손으로 들어 전체 참석자에게 보여주어 평점을 확정하는 방식을 채택하였다.

경연대회가 시작되고, 직원들의 다양한 마인드맵이 하나 둘 발표되었다. 아이를 둔 젊은 엄마 사원들의 발표가 새삼 기억이 난다.

그녀들은 회사 업무 이외에도 자기 인생의 방향에 대해서도 마인드맵의 한 줄기로 이야기를 했다. 개인의 삶을 나누는 과정에서 눈물을 보이면서 목이 메는 모습을 연출하였다. 그로 인해 직원들 역시 감동의 파도에 몸과 마음을 맡기기 시작했고, 나 역시 코가 찡해지고 눈이 축축해지는 것을 느꼈다. 마인드맵 경연대회 발표는 발표하는 개개의 직원들에게도 어쩌면 삶의 힐링이 되었다고 생각한다.

직원들 중에는 간부 사원도 있지만 대다수는 여러 사람들 앞에서 공개적으로 자신의 생각을 말할 기회가 별로 없는 사람들이었다. 본인의 생각을 체계적으로 구성하고, 그런 전략적 가지의 흐름에 따라서 그림을 그려보고, 이야기하는 경험은 처음이었을 것이다. 본래 이러한 마인드맵 경연대회를 구상하여 실행하게 된 목적은 크게 세 가지였다.

마인드맵 스피치

첫째는 직원들이 전략적으로 사고하는 방법을 익히게 하도록 넛지 효과(넛지Nudge는 팔꿈치로 살짝 쿡 찌른다는 뜻으로, 똑똑한 선택을 유도하는 선택설계의 틀을 의미한다)를 제공하자는 요지였다. 평소 많은 생각들을 하며 살고는 있지만, 그 생각의 짜임이 체계적이거나 전략적이지 않고 머릿속 생각에만 머물러 있는 경우가 태반이다. 나는 직원들이 좀 더 체계적이고 전략적인 사고를 습관화할 수 있도록 돕고 싶었다.

둘째는 소통을 늘리기 위해서였다. 맡은 업무를 더욱 잘 하기 위해서는 우선 회사 내부의 동료들은 물론, 업무와 관련된 사람들과 소통을 해야 한다. 동료들을 내부 고객이라고 표현을 할 수가 있는데, 이 내부 고객과의 원활한 소통이 필요하다. 또한 회사 외부에 있는 우리 회사와 실질적인 상거래 관계에 있는 외부 고객과의 원활한 소통을 할 능력도 갖추어야 한다. 직원들이 자기가 생각하는 것을 중언부언하지 않고 생각한 것을 빠트리지 않으면서 전달하고자 하는 핵심을 체계적으로 구성하여 정확하게 자기를 표현하게 만드는 것이다. 이러한 소통능력을 키워주고 싶었다.

셋째는 직원들에게 리더십을 키워주고자 했다. 대중 앞에서 발표하는 것은 직원들에게 무척 긴장되는 경험이 된다. 그러나 그런 긴장된 경험을 겪어 보면 다중을 아우르는 능력을 배양할 수 있을 것이라고 생각하였다. 본인 의사를 명확하게 전달하고, 청중으로 하여금 말하는 화자의 생각을 잘 받아들이게 만들고, 수긍하도록 만들어야 한다. 이런 능력은 리더가 되기 위해서 반드시 갖추어야 하는 자질이다.

리더는 본인이 리딩하는 조직 내 직원들에게 단위 조직의 비전, 목표, 전략, 해야 할 일, 조직의 문화 등등에 대하여 많은 경우 스피치를 통하여 전달하게 된다. 리더의 의사 전달 능력은 해당 조직의 성과에 결정적인 영향을 발휘하는 만큼, 행사에 참여한 직원들에게 현재 그들이 리더이든 아니면 담당자이든 리더로서 혹은 리더가 될 사람으로서의 능력을 갖추도록 해주고 싶었다.

경연대회를 통해 직원들이 각자 본인의 이야기들을 열정적으로 발표하는 모습을 볼 수 있었다. 행사를 기획하면서 직원들의 참여도가 협조적이기를 기대하였는데 실제 행사를 지켜보면서 직원들의 반응이 기대 이상으로 적극적인 것을 발견하였다.

회사를 운영하는 대표이자 관리자는 모든 직원들 한 사람 한 사람의 삶의 이야기를 전부 다 들어보기가 쉽지 않다. 직원들과 일대일 대화를 많이 나누려고 하더라도 서로 말을 주고받는 대화의 형식으로 진행하게 되는 경우, 직원은 동사장이나 총경리와 대화를 하는데 긴장하고 예의를 갖추느라 자기를 마음껏 표현하는데 한계를 느낄 수도 있다.

대회에서는 직원들이 모두 15분 이상, 누구의 제지도 받지 않고 이야기할 수 있었다. 심사하는 동안 직원 개개인의 발표 평가를 적어보았다. 그러면서 직원 개개인에게 있어서 그들의 인생이 얼마나 진지한 인생인지, 내가 내 인생을 진지하게 생각하듯, 그들에게도 그들의 인생이 참으로 진지한 과제라는 것을 깊이 느낄 수 있었다. 우리는 평소에 자기의 인생을 들여다보느라 남의 인생을 들여다보는 기회가 많지 않다. 나는 그들의 관점에서 그들의 인생을 들여다볼 수 있었던 소중한 경험의 행사였다.

마인드맵 경연대회를 마치고 난 후, 직원들은 이제 마인드맵으로 생각을 정리하는 습관을 갖기 시작했다. 직원들과 부서별로 회의하거나, 간부들과 월도 회의하는 자리에서 직원들이 마인드맵으로 성과와 목표, 전략, 실천 계획을 작성하여 프레젠테이션을 하기 시작했다.

한 번은 수출을 담당하는 직원들을 불러 같이 점심을 먹은 후에 회의실에 모여 수출 확대를 어떻게 할 것인가라는 화두를 가지고 자유롭게 브레인스토밍을 했다. 화이트보드의 한중간에 원을 그리고, 동그란 원 안에 화두를 적었다. 회의실에 있던 직원들 한 사람 한 사람이 자리에서 일어나 자기 생각을 이야기하고, 중심 화두의 원으로부터 가지치기를 하여 다시 원을 그리고 자기 생각을 써넣었다. 이렇게 한 사람 한 사람이 이야기할 때마다 화이트보드에 가지치기를 해나갔다. 회의를 마치자 화이트보드에는 커다란 전략 나무, 마인드맵이 완성되었다.

마인드맵의 실천

마인드맵은 중국어로 된 어플리케이션도 여러 종류가 있으며, 바이뚜 등의 중국 포털 사이트에서 무료로 다운 받을 수 있다. 중국어 이름은 '思維튜图(스웨이 다오투, 생각을 유도하는 그림)'이다. 중국에서 일하는 기업인, 주재원들에게 마인드맵으로 중국 직원과 소통을 해보기를 권해보고 싶다. 한국의 어느 조직, 어느 기업에서 일을 하고 계신 분들도 마인드맵을 통하여 개인의 생각, 조직의 생각을 정리해보면 효과적으로 일할 수 있다.

개인 스스로 홀로 마인드맵을 그리면서, 때로는 남에게 보여주지 않을 일기를 쓰듯이 자기의 내밀한 마음을 그려 보기도 하고, 미래의 꿈의 가지를 그려보기도 하고, 또는 구체적인 계획을 달성하는 방안을 그려보기도 하면 좋다. 그리고 두어 명이 되었든 더 많은 사람들의 모임이 되든지 각자 마인드맵을 만들어 삶을 이야기하고, 일을 이야기하는 것도 권하고 싶다. 각자의 삶에 대해서 마인드맵을 그려서 서로에게 이야기한다면, 이번 행사에서 우리 회사 여직원들이 눈물을 흘리며 자기 치유를 했던 것과 같이 마음이 정화되고 앞으로 살아갈 생각들이 잘 정리되는 힐링 효과를 얻을 수 있다. 마인드맵을 때로는 같이 그려보는 것도 좋은 방법이다. 내가 가지 하나를 치고, 또 옆의 누가 가지를 치고, 이렇게 서로 가지를 만들어 가면, 서로의 각을 공유하게 되고, 소통의 효과를 얻을 수 있다. 밥을 먹는다는 표현만 하더라도 상대방과 자기와의 상하 관계에 따라서 표현하는 방법이 가지각색이니 말이다.

chapter **3**

적극적인 표현이
가능한 중국

표현의 습관이 가져오는 성공

우리 회사는 2013년 1월, 장쑤성 창수시(常熟市)에 제조공장을
투자하면서 첫 번째 자회사를 설립하였다. 자본금 2억 원으로 창업
을 시작해 4년여 정도 꾸준히 성장한 결과, 제조 법인을 투자할 기
회가 생긴 것이다. 그룹으로 성장하겠다는 장기 플랜의 첫 토대인
공장 이름은 '상숙상윤방직유한공사'이다. 후일에 만들어질 〈상윤
그룹〉의 첫 자회사라는 부푼 꿈이 담긴 이름이다.

공장을 가동하고 몇 개월이 지난 어느 날, 상숙상윤의 총경리로
부터 잊지 못할 메시지를 한 통 받았다. 바이어로부터 좋은 오더를
받았다는 소식과 함께 그녀는 '감동 받을 수 있는 기회를 주셔서
정말 감사합니다. 사랑합니다.'라는 문구를 덧붙였다.

그녀는 회사의 성장과 함께 자신도 초고속으로 승진한 케이스다.

일본계 무역회사에서 일본 주재원들의 보조 업무를 담당하던 그녀는 우리 회사에 입사한 후, 평사원에서 과장, 부장, 이사를 거쳐 제조공장 법인의 총 책임자(중국에서의 '총경리'는 한국에서의 '사장' 직급이라고 볼 수 있다)가 되었다. 만일 그녀가 일본계 회사를 계속 다녔다면 이러한 초고속 승진은 꽤나 힘들었을지 모른다.

그래서 그런지 몰라도 그녀는 애사심이 깊다. 그리고 자신의 애사심을 회사 동료들, 심지어 사장인 내게도 자주 표현한다. 그녀가 사용하는 어휘들은 기실 내가 항상 쓰는 말들이나 다름없다. 조카의 편지로 깨달은 바가 깊어, 그 이후 나는 여러 사람들에게 '선한 영향력'이란 어휘를 자주 쓰곤 했다. 그녀 역시도 믿음, 감사, 사랑 등의 단어를 많이 활용한다. 심지어 업무보고서의 끝자락에까지 써놓지 않았던가.

회사를 경영함에 있어서 늘 긍정의 단어들을 사용하는 편이다. 직원들에게 메일을 보낼 때는 "존경하는 누구, 경애하는 누구, 사랑하는 누구."라는 말로 시작한다. 마음속 깊은 곳으로부터 진심을 다하여 존경하고 사랑하는 직원들이므로 그런 마음을 입으로 표현하고, 이메일 등의 글을 통하여 표현하고, 바디랭귀지로 표현한다.

물론 말뿐인 사탕발린 소리만 하는 사람들도 있겠지만, 나는 함께 일하는 동료를 진심으로 존경하고 사랑하는 마음이 조직을 행복하게 만들고, 그로 인해 성장 또한 할 수 있다고 생각한다. 단언

할 수 있다. 거창한 이론과 기술적인 방법보다는 진심이 담긴 표현이 많을수록 되레 조직의 리더십과 팔로우쉽이 잘 작동된다고 나는 단언한다.

중국에서는 보다 적극적으로 표현하라

한국에서는 회사에서 이런 식의 표현들을 사용하면 좀 부자연스럽게 느껴지거나 이상하게 생각될 수도 있다. 문화 정서 상 한국의 회사 내의 상하 관계는 여전히 군대 문화와 같은 철저한 계급 서열주의의 영향을 받고 있기 때문이다. 그래봤자 한두 살 터울임에도 한 학년 학교 선배는 하늘과 같은 선배이고, 회사 상사 역시 절대적 복종을 해야 하는 대상이다. 한국의 언어 구조에도 이런 문화가 반영되어 있다. 호칭에도 상대에 따라서 예의를 표현하는 유사어휘가 수두룩하다. 간단히 밥을 먹는다는 표현만 하더라도 상대방과 자기와의 상하 관계에 따라서 표현하는 방법이 가지각색이니 말이다.

중국어는 언어 구조상 영어와 매우 비슷하다. 상대와 나의 관계에 따른 표현 자체가 다양하지 않고 심플하다. 언어가 문화에 영향을 준 것인지 문화에 따라서 언어가 형성된 것인지, 여하튼 중국의 언어 구조는 한국의 언어 구조와는 다르다. 그렇기 때문에 중국인, 중국에서 태어난 우리 동포인 조선족, 나아가 중국에서 오랜 세월 살아가는 나와 같은 한국인의 의식 구조는 한국인의 정서와 다른 성향을 보일 때가 있다.

학교나 고향의 선배라고 해서 무조건적 권위를 부여하는 것이 그리 좋아 보이지 않는다. 상호 평등한 인격체로 대우를 하다보면 서로에게 존중하기도 쉬워진다. 한국과는 달리 중국에서는 불필요한 권위를 좀처럼 볼 수 없다. 중국에서는 공식적인 접대 회식 자리에 운전사들도 함께 식사를 하곤 한다. 직책만 다를 뿐이라고 생각하기 때문에 그런 식사 장면이 자주 연출되는 것이다. 한국이라면 어지간해선 상상하기 힘든 장면이다.

나는 한국 사람이고, 중국에 투자한 한국 회사의 대표다. 한국인, 한국과 비교할 때 상대적으로 보다 평등한 관계의 문화를 가진 중국에서는 '보다 적극적으로 표현'을 하는 것이 좋다. 물론 중국 사람들도 한국의 경우와 마찬가지로 표현을 절제하는 동양적인 겸양의 문화가 있다. 우리는 그들과 같은 문화권이고 똑같이 유교의 영향을 받고 있다. 그러나 중국인의 평등 문화를 적극적으로 활용하여 우리가 중국인들에게 보다 적극적으로 존경, 사랑, 감사를 표현한다면, 중국인과 일을 하면서 그들로부터 마찬가지로 존경, 사랑, 감사의 표현을 받을 수 있다. 사실 중국에서뿐 아니라 우리 한국 사회에서 혹은 글로벌 무대의 많은 이민족 사람들과 교류를 할 때, 서로 마음으로부터 깊은 존경, 사랑, 감사의 마음을 가지고 적극적으로 표현한다면 우리는 어느 곳에서도 환영을 받을 수 있다.

사랑의 리더십

첫 사무실이 입주해 있던 빌딩 안에는 가구 매장, 구오메이라는 중국 전자 제품 매장(하이마트와 같은 업종), PC방 등 여러 잡다한 업종들이 입주해있었다.

우리 회사 사무실 아래층은 한 층 전체가 PC방이었기 때문에, 우리가 사용하는 엘리베이터 안에는 PC방을 드나드는 불량스러운 중국 청소년들을 많이 볼 수 있었다. 엘리베이터 안에 침을 뱉고, 담배를 피우고, 담배꽁초나 먹던 과자 봉지, 음료수캔 등이 그대로 버려진 모습을 많이 볼 수 있었다. 외국 고객이 상하이로 출장을 와 회사 방문을 한 경우가 몇 번 있었는데, 그들은 건물 상태만 보고도 좋지 않은 환경이라 짐작, 회사 실력에 대해 큰 신뢰를 하지 않았던 것 같았다.

그때는 창업을 시작한 지 겨우 반년이 지난 시점이라서 아직 수익을 낼 수 있을 만큼 아이템 개발이 충분히 되어 있지도 못했고 고객도 충분히 개발되지 못한 시절이었다. 수익보다는 투자라는 이름의 지출비만 늘어가는 나날이었다. 반년 간 계속 비용만 지출하다 보니 자본금 2억 원이 계속 줄어드는 것을 볼 수 있었다. 그러기를 몇 개월, 오더가 점차 늘어나면서 이익이 조금씩 나기를 기대하고 있었다.

그런데 이게 웬일인가? 미국의 리먼 브라더스가 부도나는 등 미국 서브프라임 모기지 사태가 전 세계적인 금융 위기를 촉발하면서 세계 경제는 급추락을 시작했다. 전 세계 주식 시장은 폭락하고, 원자재 가격은 반 토막이 되고, 한국의 원화 환율은 달러당 1,100원 수준에서 1,600원 이상으로 급격히 가치가 폭락하기 시작했다. 사업을 시작한 지 겨우 반년 지났던 시점이었는데 위기가 찾아온 것이다. 그나마 이제 막 수출 업무를 시작하던 때였는데, 수출하기로 계약된 오더들이 원화 환율 폭락으로 전부 일방적으로 취소를 당했다.

내게는 해마다 학비가 6만 달러 정도 들어가는 미국 대학으로 유학을 간 아들이 있고, 역시 미국 대학으로 유학을 가기 위해 공부를 하고 있던 고등학교 1학년의 딸이 있었다. 자식들 생각을 하니 하늘이 컴컴해졌다. 수출 오더들은 취소되었고, 그나마 가끔 들어오던 수출 오더 문의를 하는 메일조차도 뚝 끊겨버렸다.

머릿속에는 온통 새까만 먹물이 가득 찬 느낌이었다. 눈으로 들어오는 것 역시 온통 회색빛이었다. 20년 동안 회사에 다니면서 매일 회사 일 핑계를 대면서 가정에 소홀하더니, 이제 자기 회사를 차려서 누구네 아빠처럼 늦게 출근하고 일찍 퇴근하여 가정에 충실한 아빠, 좋은 남편이 되리라 기대했었다. 그런데 회사를 만들더니 예전같이 여전히 매일 늦게 퇴근하고 주말에도 계속 회사에 나가 일만 하더니 이제 핵폭탄을 맞아서 비참하게 죽어가야 하는 분위기가 된 것이다.

한국 뉴스를 보지 않던 아이들이야 뉴스에서 보도하는 금융 위기의 심각성을 잘 알지 못했을 것이고, 연일 뉴스에서 금융 위기로 세계 경제가 얼마나 어렵게 되었는지, 한국의 서민 경제가 얼마나 어렵고, 수많은 기업들이 구조조정을 하면서 많은 실업자가 길거리로 내몰리는 뉴스를 보더라도 그것이 우리 아빠가 직면한 문제, 남편을 질식시키고 있는 문제라고 생각은 못했을 것이다.

리더는 원래 상황이 어렵더라도 얼굴에 어렵다는 표정을 지어서는 안 된다는 것을 익히 몸으로 배워 체득한 지라, 집에서도 표현을 못하고 회사 직원들에게도 표현을 못 하고 홀로 끙끙 앓고 있었다. 당시 나로서는 금융위기를 타개할 해법이 없었기 때문에 유일하게 할 수 있는 일은 반신욕을 하면서 생각에 잠기는 일이었다. 어떻게 이 위기를 넘길 것인지 골몰했지만 신통한 대책이 생각나지 않았다. '지금의 금융 위기가 잠잠해지고 경기가 회복되려면 아마 긴 시간이 필요할 텐데, 경비를 줄여야 하지 않는가?' 라는 생각도 들었다. 직원이 다섯 명인데 이 중에서 능력이나 일에 대한 열정적인 태도 측면에서 제일 뒤처지는 직원을 해고하여 경비를 줄여야 하는 것이 아닌가 하며 정리해고 쪽으로 마음이 조금 기울었다.

그렇게 반신욕을 거듭하는 가운데 어느 날 저녁 갑자기 머릿속에 쏙 들어오는 단어가 있었다.

'사랑의 리더십'

정확하게 이렇게 여섯 자의 문구가 뇌와 가슴에 꽂혀 들어 왔다. 직원을 해고하여 비용을 줄이는 것을 고민하다가 말고, 극적인 반전을 하게 된 것이다. 세계가 금융 위기로 난리가 났고, 중국도 난리인데 나를 믿고 근무하는 직원을 해고하면 이 직원은 또 어디에 가서 직장을 구해야 한단 말인가? 지금 모든 회사가 직원들을 정리해고하려고 하는 마당에 해고된 직원이 어느 곳에서 새로이 직장을 구할 수 있겠는가? 나라도 이 직원에게 책임을 져야 한다는 생각을 했다. 이럴 때일수록 사랑의 마음으로 직원들을 따뜻하게 안아 주어야 한다고 생각하게 되었다.

다음 날 아침 회사로 출근하는 길에서 마음속으로 굳게 다짐을 거듭했다.

'내가 진정으로 직원들을 살려주고, 그들을 받아주고, 그들에게 마음 깊은 곳으로부터 나오는 진실로 사랑을 베풀리라. 직원들을 진정으로 존경하리라, 조건 없이 사랑하리라, 그리고 이제 사랑의 마음으로 직원들에게 환하게 웃어 주리라.'

사랑하는 마음은 표현을 통해서 드러나기 시작했다. 당시의 직원들의 이름을 부를 때도 사랑하는 리커, 존경하는 왕지에, 친애하는 장빈, 사랑하는 누구누구, 이런 식으로 표현을 바꾸어 갔다. 그들과 대화를 할 때, 그들과 메일을 교환할 때, 늘 이렇게 말을 걸기 시작했다. 이런 말로 시작을 하니 대화 가운데 자연스럽게 고마움도 표현하게 되고, 감동의 마음도 자주 표현하게 되었다. 이렇게 긍정적인 말을 반복하게 되면서 그것이 습관이 되어가기 시작했다. 직원들도 서서히 이런 분위기에 적응되었다. 이때 만들어진 분위기는 지금의 우리 회사 기업 문화가 되었다.

2009년 1월 글로벌 주식 시장, 원자재 시장, 상품 시장은 가격이 대부분 반 토막이 되었다. 나는 직원들과 사랑의 마음으로 똘똘 뭉쳐서 제품을 구매하여 팔았다. 수입 계약을 하고, 그 제품이 상하이 항구에 도착하여 수입 통관을 마치고 팔기 시작하는 데까지는 약 한 달 정도의 시간이 소요되었다.

시장은 조금씩 회복세를 보이기 시작했다. 바닥 가격으로 수입 계약을 하고 나면 다음 달 판매할 때 가격이 올라 있고, 다음 달에 다시 수입 계약을 하면, 또 그다음 달 판매를 할 때 다시 가격이 조금 더 올라가 있는 식이 되었다. 금융 위기 덕분에 나는 대단한 성공을 거두기 시작했다.

만약 금융 위기 사태를 맞이하여 직원을 해고하고, 부정적이고 방어적이며, 비관적인 반응으로 일을 했다면, 하늘이 내게 기회를 주지 않았을 것이다. 반대로 금융 위기 동안에 직원들에게 나를 바닥까지 낮추고, 그들을 섬기면서 마음속으로부터 존경하고 사랑을 했기 때문에 그들이 내 곁에 남아서 나와 한마음이 되어 열심히 해준 것이다.

'사랑의 리더십'은 오늘날의 상윤무역을 존재하게 했다. 자회사인 '상숙상윤'의 강미화 총경리도 역시 그러한 영향을 받은 것이다. 믿음을 심어줄 수 있는 그녀의 어휘들, 시크릿 기법, 선한 영향력, 감동, 감사, 이런 표현들이 우리 상윤 무역의 기업 문화가 되었다.

각 분야의 전문가들의 강연 서비스를 맡고 있는 테드(www.ted.com)에서 '사이먼 시넥'이라는 사람의 강연을 보았다. 《위대한 리더들이 행동을 이끄는 법》이라는 제목의 강연이었다. 목표는 "무엇을 파느냐, 어떻게 파느냐? 이런 것에 있지 않고 왜 그것을 팔려고 하느냐?"였다. 그는 리더의 자격은 이 핵심적인 질문에 있다고 강의를 했다.

그는 능력과 경력이 출중한 사람을 뽑는 것이 채용 목표가 아니라고 했다. 리더 자신이 믿는 것을 믿는 사람을 만나야 그들이 피와 땀을 받쳐서 일하고 리더가 믿는 믿음을 통하여 위대함을 이루어 낼 수 있다고 말했다.

매우 깊은 영감을 주는 내용이었다. 강미화 총경리는 베이징대, 청화대 등 명문대를 졸업했거나 석사, 박사 학위를 받은 사람이 아니다. 미국에 유학을 다녀와 영어를 유창하게 구사하고 MBA를 공부하여 탁월한 경영 수업을 받은 사람도 아니다. 그녀는 '사랑의 리더십'을 믿는 사람이다. 내가 성공의 모습이라고 생각하는 선한 영향력을 믿는 사람이다. 지금 나와 같이 일하는 사람들은 모두 표현을 적극적으로 하는 사람들이다.

여러분께서도 적극적인 표현을 좋아해 보시기 바란다. 그리고 자주 실천하여 습관을 들여 보시기 바란다. 틀림없이 운명이 바뀌는 축복을 받게 될 것이다.

chapter **3**

동기화와 클라우딩

업무 보고 in 중국

중국에 투자한 한국 기업들의 이야기를 들어보면 중국 직원들의 업무보고 방식에 불만이 많다. 어떤 상황이 발생했는데도 보고 라인을 밟아서 신속하게 보고하고, 해결책을 구하여 주도적으로 문제를 풀어갈 생각을 하지 않고, 누군가 알아서 할 때까지 내버려 둔다는 거다. 자기가 잘못한 것을 윗사람이 알까 쉬쉬하고, 자신과 관계없는 일일 경우는 더없이 모른 척한다는 것이다.

이러한 중국 직원들에게 보고하는 방법을 가르치고 싶어 하는 한국 투자 기업들의 수요가 점점 늘고 있다. 직원 교육 사업을 하는 차이나 CS아카데미 최 원장과 점심 식사를 하면서 들어보니 아직 중국에는 '보고' 문화가 제대로 자리 잡지 못했다고 한다. 보고를 어떻게 하는 것인지 가르치는 마땅한 강사도 없다고 했다. 그 말을 들으면서 과거 직장 생활과 현재의 회사의 상황을 곰곰이 생각해보았다. 만약 내가 강사가 되어 어느 중국 회사에 가서 보고하는 법에 대해서 강의를 한다면 어떻게 이야기를 해줄까 생각해보았다.

보고서에 대한 추억

보고서 하면 기억나는 일이 있다. 내게 좋은 습관을 길러준 분은 내가 대학을 졸업하고 회사에 막 입사하여 첫 근무 부서로 배속되었던 부서의 부장이었다. 입사 1년차였던 내게 홍콩시장 담당을 맡길 요량으로 출장을 함께 가기로 했다. 월요일 아침부터 금요일 저녁까지 닷새 동안 하루에 네 개 업체 정도를 방문하여 상담해야 하는 빡빡한 일정이었다. 매일 저녁, 고객과 저녁 식사를 하는 것도 업무였다.

부장은 내게 매일 방문한 업체들에 관한 미팅 리포트를 쓸 것을 지시했다. 당일 만난 업체에 관한 보고서를 그날 저녁에 써서 다음 날 아침 일찍 본사에 전송하라는 것이었다. 많게는 4곳의 거래처 미팅과 더불어 저녁 식사까지 치르고 나면 자정께나 호텔로 돌아오는 스케줄이었는데 말이다. 부장은 내게 미팅 리포트는 미루지 말고 당일 중으로 써서 본사로 바로 보내는 것의 중요성을 이야기한 후 먼저 잠자리에 들었다. 나는 잠을 자지 못하고 보고서를 써야 했다.

당시에는 노트북이 없던 시절이라 보고서는 손으로 직접 써야 했다. 출장을 떠나기 전에 미리 준비한 보고서 양식을 꺼내놓고 써야 했는데, 쓰기가 쉽지 않았다. 볼펜으로 쓰다가 잘못 쓰면 그 종이를 버리고 처음부터 다시 써야 했다. 이렇게 쓰다 보니 매일 새벽 두 시, 세 시까지 써야 했다.

부장은 아침 일찍 일어나서 호텔 앞 공원으로 산책을 나가자 했다. 바짝 긴장하고 있던 신입 사원이라 매일 그렇게 서너 시간도 채 잠을 못 자면서 닷새 동안 보고서를 썼는데 결국에는 코피가 터졌다. 토요일 홍콩에서 한국으로 돌아오는 비행기 안에서 부장은 내가 거래처 별로 매일 작성했던 보고서를 살펴본 후에 보고서를 종합하여 이번 홍콩 출장 성과를 정리하는 요약 보고서를 작성하라고 했다. 부장이 비행기 안에서 편안히 눈을 붙이고 있는 사이, 나는 김포 공항에 도착할 때까지(당시에는 인천 공항이 없었다) 계속 보고서를 마무리해야 했다.

입사한 지 사 년 정도 되었을 때, 19박 20일의 긴 일정으로 사우디아라비아, 터키, 벨기에, 독일, 이탈리아 5개국에 출장을 다녀왔던 때의 기억이 생생하다. 다른 부서의 선후배 직원들의 경우, 해외 출장에서 돌아오면 사무실에 출근하여 밀린 일을 해가면서 천천히 보고서를 작성하고 며칠 후에 제출하는 것이 보통이었다. 워낙 부지런한 부장 밑에서 훈련을 받은 나는 출장을 떠나기 전에 보고서 양식,

줄자와 수정액까지 바리바리 준비하고 출장길에 올랐다. 시차가 있어서 잠자는 시간이 달라진 환경에서 훈련을 받은 대로 매일매일 보고서를 쓰고, 아침이면 사우디에서, 터키에서, 벨기에서, 독일에서, 이탈리아에서 본사로 팩스를 보냈다.

마지막 귀국하는 날, 이탈리아에서 비행기를 타고, 런던 공항에서 한국으로 귀국하는 비행기를 갈아탔다. 비행을 시작하여 첫 기내식을 마치자 승객들 모두 불을 끄고 잠을 청하기 시작한 때, 나는 보고서 양식을 꺼내어 19일간 5개국의 거래처를 방문했던 거래처별 보고서를 검토하면서 출장 전체를 요약하는 보고서를 쓰기 시작했다.

보고서 작성을 모두 마치고, 사무실로 출근하자마자 곧바로 과장님 책상 위에 결재를 올릴 수 있도록 세팅까지 완료하고 이제 쉴까 하고 생각하는데 비행기가 곧 착륙할 예정이라는 기내 방송이 나왔다. 결국 런던 공항에서 김포 공항까지 한 숨도 못 자고 보고서를 마무리했던 기억이 난다. 다음 날 아침 출근하여 곧바로 19박 20일의 두툼한 출장 보고서를 제출하던 순간, 그 신속함에 나 자신이 자랑스러웠었다.

데일리 리포트(일일 보고)의 추억

요즘은 업무보고를 할 때 메일을 주로 쓰지만, 상하이에서 주재원 생활을 하기 시작하던 1996년만 해도 이메일을 사용하는 사람들은 거의 없었다. 내가 데일리 리포트를 쓰기 시작한 것은 1998년년 초부터의 일이다. 당시 내가 다니던 SK케미칼에서는 아직 사내 그룹웨어가 도입되기 전이었다. 사내 그룹웨어인 노츠 시스템이 도입된 것은 아마 1999년도의 일인 것으로 기억된다. 나는 1998년 초부터 이메일을 이용하여 날마다 나의 하루 업무를 정리하여 본사에 보고하기 시작하였다.

당시 회사의 해외 사무소는 상하이 이외에도 프랑크푸르트, 동경, 뉴욕 사무소가 있었는데, 해외 사무소는 본사에 주간 단위로 업무 보고를 하던 때였다. 엑셀로 보고서 양식을 그려서 왼편에는 지난주 한 일, 오른편에는 이번 주 업무 계획을 간단히 요약하여 보고하던 때에, 나는 자발적으로 이메일을 통한 일간 업무보고를 하기 시작했다. 아마도 SK그룹 해외 주재원 중에서는 가장 먼저 자발적으로 이메일을 통하여 본사에 데일리 리포트를 쓰기 시작한 사람이었을 것이다.

하루 동안 고객들과 진행되었던 업무 내용을 자세하게 적어 나갔고, 시장 정보, 본사에 건의할 내용을 정리하여 이메일을 보냈다. 처음에는 본사의 담당자에게 이메일을 보내다가, 곧이어 담당자에게 이야기하여 부장님께 이메일을 보는 법을 알려주라고 부탁을 한 후에, 매일 같이 부장과 부서의 관련 직원들에게도 데일리 리포트를 보냈다.

　본사 부장은 내게 전화를 하여 데일리 리포트를 본부장에게도 참조로 보내라고 하고, 공장장과 생산부장을 포함한 생산부 동료, 연구소 관련 동료들에게도 참조로 같이 이메일을 보내라고 주문했다. 내가 쓰는 중국 업무 데일리 리포트는 MPR(판매, 생산, 연구개발)의 모든 관련자에게 동시에 발송이 되었다. 본부장은 매일 아침에 출근하자마자 방 문 앞에 앉아있는 비서 직원에게 상하이사무소 박 과장의 데일리 리포트를 프린트해서 가져오라고 시켰다고 한다.

　나는 발송한 이메일을 프린트하여 별도의 서류철에 보관을 했다. 이메일 인쇄물이 쌓여가는 것을 보는 재미도 아주 좋았다. 이메일을 보관한 서류철이 책장에서 몇 권씩으로 늘어나는 모습은 내가 맡은 업무에 몰입하고 있었다는 증거이기도 했다.

　늘 일에 몰두해 있었던 나였기에, 데일리 리포트는 내 일상의 전부를 기록한 일기와도 같았다. 그렇게 쌓여간 업무보고서는 자연스레 업무실적의 상승을 가져왔다. 당시 과장 4년 차였던 나는 2년을 특진해서 차장으로 승진하였다. 내 기억이 맞는다면, SK케미칼 창업 이래 2년 발탁 특진을 한 것은 내가 처음이었다.

보고는 정보 공유

보고의 핵심은 정보를 공유하는 것이다. 보고하는 사람으로서 내가 알고 있는 것, 내가 생각하는 것을 보고를 받는 사람에게 전달하는 것이고 나의 정보를 상대와 공유를 하는 것이다. 공유의 과정을 통하여 보고하는 사람은 보고를 받는 사람으로부터 추가된 정보를 공유 받게 된다.

회사나 조직에서 보고를 하다가 상사에게 잔뜩 혼나는 경우가 많다. 보고하기 전부터 윗사람에게 혼이 날까 잔뜩 긴장하게 된다. 또 윗사람은 회의하면서 아랫사람의 보고를 받고 호되게 혼을 내준다. 윗사람은 직원을 혼내는 것이 자기 역할이라고 생각하면서 회의에서 아래 직원들이 숨쉬기 힘들 정도로 만들어 놓고, "아, 나 오늘 일 좀 했어."라고 생각하는 경우가 있다. 상사이니까 일방적으로 보고를 받아야 하고, 보고를 들으면서 부하 사원을 지적하고 혼내야 하고, 부하 사원은 상사에게 혼이 날까 잔뜩 긴장하면서 상사 눈치를 보면서 가능하면 혼나지 않도록 조심하면서 보고하는 것이 보고의 문화가 아니라고 생각한다.

물론 우리의 직장 생활이 대부분 '보고'라는 단어가 엄청 스트레스를 주는 것으로 정착된 것은 사실이다. 그러나 보고의 진정한 가치는 정보를 서로 나누고 그렇게 공유된 정보를 바탕으로 더 나은 결과를 도출해내는 것이라고 할 수 있다. 보고를 정보 공유라는 단어로 바꾸어 인식할 때, 우리는 상사와 부하, 즉 보고를 듣는 상사와 보고를 하는 부하 사원 사이에 신뢰를 구축할 수 있다.

회사에는 보고서의 달인들이 있다. 윗사람에게 보고도 잘하고, 보고서도 참 잘 만든다. 보고를 잘하고, 일도 잘하면 금상첨화이겠는데, 어떤 사람들은 보고만 잘한다. 상사는 그의 보고를 들으며, 그의 보고서를 보면서 그를 칭찬하고 그를 승진시키는 경우도 더러 있다.

직접 시장으로 뛰어나가 고객들을 마주하는 주재원이 있는가 하면, 매일 사무실에 앉아 보고서 작성에만 열을 올리는 주재원이 있다. 부하 직원들이 일한 결과를 마치 본인이 직접 한 것처럼 가공해서 보고서를 쓰는 얌체족들이 있다. 그런 사람들은 아침에 출근하면 어떻게 일을 할 것인지, 오늘은 어떤 고객을 방문할 것인지, 혹은 오늘은 어떻게 직원들과 일을 할 것인지 생각을 하기 전에 가장 먼저 오늘은 한국 본사의 어느 임원에게 안부 전화를 할까를 먼저 생각한다. 본사의 여러 임원들에게 안부 전화를 하고, 공장의 공장장, 생산부장에게도 안부 전화를 하고, 가끔 연구소에도 전화를 한다. 이런 안부 전화로 오전 시간을 전부 보낸다. 그의 일과가 이런 정해진 루틴으로 시작되어 몇 년 동안 주재원 생활을 한다. 한국 본사에서는 이 친구, 정말 일을 잘한다고 생각한다. 예의도 바르고, 가끔 살갑게 전화도 해주니 그가 좋아진다.

그런데 문제는 그는 단순히 보고만 하는 사람이지, 일을 하는 사람은 아니라는 것이다. 회사의 높은 분들과 소통을 하느라 정작 중국 고객이나 자기가 같이 일하는 중국 직원들하고 소통할 여유가 없다. 매일 본사와 한국말로 오랜 시간 통화를 하니 입에 한국어가 달라붙어 중국 주재원인데도 중국어 실력이 늘어날 리 없을 정도다.

보고만 잘하고 윗사람에게만 집중하는 사람 대부분은 아랫사람들에게 집중하지 않는 경향이 있다. 운이 좋아, 시장 상황이 좋아, 실적이 좋았을 수도 있었겠지만 직원들과 팀원들과 일하지 않고 오로지 윗사람, 높은 사람들하고만 일하는 그 사람이 있는 그 회사의 중국 사업은 성장할 수 없다. 중국 직원이든 한국 직원이든 본인이 아직 리더의 위치가 아닌 평사원들도 마찬가지다. 자기가 맡은 일에 집중하며 일을 해야 한다. 고객을 바라보고 시장을 발로 뛰며 일을 해야 한다.

오직 윗사람만을 보면서 일하는 사람은 결국 아무 것도 배운 것이 없게 된다. 보고의 달인이 되는 것 같아 보이지만, 그가 쓴 보고서는 'Long Report, No Result(긴 보고서, 결과는 없는 보고서)'가 되어 결국은 조직에서 실패하는 사람이 될 것이다. 보고만 잘한다고 되는 것이 아니다. 진심으로 최선을 다해 일하면서 상하 좌우로 정보를 실시간 공유해야 한다.

3R(RESPONSE)

회사를 창업하면서 사무실 벽에 세 가지 반응(Response)을 중국어와 영어로 적어서 걸어두었다. 업무를 하는 모든 과정에서 우리 회사 모든 사원들이 견지해야 할 핵심 태도(Attitude)라고 강조하고 있다. 이를 우리 기업의 기업 문화에 녹아들게 하려고 계속 노력하여 왔다. 보고하는 방법도 마찬가지라고 생각한다.

「Quick Response(快速反应), Detailed Response(细心反应), Creative Response(创意反应)」

첫째, 정보 공유는 신속해야 한다. 시간을 끌다가 뒤늦게 공유되는 정보는 죽은 정보가 될 수 있다. 많은 사람들에게 공유할 수 없는 극비에 해당하는 정보, 혹은 보고라고 할지라도 보고를 받아야 하는 상사에게 즉시 보고를 해야 한다. 문제가 발생했을 때에도 즉시 문제를 보고하는 것이 좋다. 그래야 해결책을 빨리 찾아 문제가 더 커지지 않도록 조치를 취할 수 있다. 중요한 시장 정보를 접한 경우에도 신속하게 정보를 공유하여 그 시장 기회를 이용할 수 있어야 한다. 공유하지 않고 혼자만 알고 그냥 지나가다가 경쟁 업체에게 시장 기회를 선점당할 수도 있다.

둘째, 보고는 세심하게 해야 한다. 디테일이 부족한 보고는 보고를 받는 사람 입장에서 답답할 수밖에 없다. 보고를 받는 사람, 정보를 전달 받는 사람에게 그가 궁금할 것으로 예상되는 내용들을 세심하게 미리 생각하여 보고해야 한다. 빠르게 보고하는 것도 중요하지만 상세하게 보고하는 것도 중요하다. 세심하게 보고하는 것이 몸에 익숙해지도록 노력을 해야 한다.

중국의 관료들이 자주 사용하는 말이 있다. 大处着眼, 小处着手, 细节决定成败. 눈은 큰일에 두되, 손은 구체적인 일에 두어야 한다는 뜻이다. 디테일이 성패를 가른다. 중국의 저자 왕중추의《디테일의 힘》이라는 책은 한국에서도 베스트셀러가 되었다.

셋째, 창의적이어야 한다. 결과 보고 및 정보 전달뿐 아니라 본인의 관점과 해석, 다른 아이디어를 함께 보고하는 것이 좋다. 가령 고객이 가격인하를 요청할 경우, 상사의 지시만을 기다려서는 안 된다. 상황 설명과 경쟁 조건, 거래처의 확실한 요구와 세세한 설명, 덧붙여 본인의 분석과 의견을 같이 이야기해야 한다. 시장에서 정보를 취득한 경우, 이를 공유, 보고하면서 본인의 아이디어를 포함해야 한다.

보고의 리더십

중국말에 '将在外, 有所君命不受.' 라는 말이 있다. 장군이 전장에 있을 때는 임금의 명령이라도 받들지 않을 수 있다는 뜻이다. 상하이에서 만나게 되는 많은 주재원들의 고충이 여기에 있다. 중국의 실정을 잘 모르는 본사가 결정 권한을 전부 갖고 있기 때문이다.

일례로 직원들의 월급 인상을 하는 것도 만만치가 않다. 월급 인상을 해야만 하는 요소들이 충분하다고 판단되어 본사에 보고서를 올리면, 상부에서는 한국식으로 결정을 해서 통보를 해버린다. 중국의 물가상승률, 동종 업계 타사의 로컬 직원 급여 수준, 중국 기업의 월급 인상률 등등 주요한 요소들이 충분히 반영되지 못할 때도 있어 아쉬울 때가 더러 있다. 중국 사업을 끌고 가야하는 사람으로서는 의사 결정 권한이 없는 리더를 직원들이 잘 따라올지도 미지수다.

거래처로 출장을 나가는 직원들에게 절대로 고객 앞에서 내게 전화하여 어떤 가격으로 결정할지 물어보지 말라고 했다. 고객은 의사 결정권이 없어 보이는 직원보다는 권한이 있는 윗사람과 협의를 하고 싶을 것이다. 나는 늘 직원들에게 '너의 모습이 곧 회사의 대표 모습'이라는 책임 의식을 주입시킨다. 설령 가격 협상에 실수가 있다 하더라도, 고객 앞에서 뱉은 말과 태도는 회사의 태도인 것이다. 직원은 회사의 대표로서 고객을 마주하는 것이다.

또한 상사는 보고를 잘하는 직원을 마냥 예뻐하기만 해서는 안 된다. 그가 제대로 일을 수행하고 있는지 계속 확인해야 한다. 보고서만 작성하기 바쁜 직원보다는 보고를 깜빡 잊더라도 진정 열심히 뛰고 있는 직원을 높게 평가할 있는 혜안이 필요하다.

보고는 팔로우십도 중요하지만 리더십 역시 무척 중요하다. 리더는 모든 것을 챙기려 하기 보다는 권한을 이양할 줄도 알아야 한다. 중간 관리자는 팔로어의 위치에 있는 또 다른 리더이다. 위와 아래를 연결하는 소통의 통로, 리더십의 중요한 길목이다. 리더와 팔로어 상호 간에 실시간으로, 오픈 마인드로, 보고를 주고받고 정보를 공유를 할 수 있도록 마음이 열려 있어야 한다.

동기화와 클라우딩

나는 에버노트라는 어플리케이션을 열심히 사용 중이다. 사무실 책상 위의 데스크톱 PC, 노트북, 스마트폰 모두에 에버노트를 다운로드 받아서, 같은 이메일 계정으로 동기화를 해두었다. 내가 이 세 가지 도구 중 어느 것을 이용하여 에버노트에 글을 쓰고 사진을 올리고 자료를 저장하더라도 동시에 나머지 모든 기기에 자동으로 같은 내용이 저장된다.

보고, 정보 공유는 이와 같은 동기화에 비유할 수 있다. 같은 조직에서 일하는 상하좌우 동료 사이에, 보고하는 사람과 보고를 받는 사람 사이에 보고 내용과 정보가 즉시 있는 그대로 동기화될 수 있어야 한다. 하나의 스마트폰으로 저장한 내용이 노트북에도 즉시 있는 그대로 동기화되듯이, 내 머리 속에 입력된 내용이 같이 일하는 동료, 보고를 받는 상사, 상하좌우 동료들의 머릿속에 그대로 입력되게 하는 것이 일종의 동기화이다.

조직에는 중요한 정보는 나만 알아야 한다는 생각을 가진 사람들이 있는 것 같다. 본인이 알고 있는 정보를 동료들과 공유를 해야 하는데, 어떤 사람들은 중요한 정보를 독점하려고 한다. 정보를 모르는 팀원과의 성과적인 면에서 우위를 점한다고 느끼는 걸까. 같은 조직 내에서 정보가 일부 사람들에 의해서 독점되고, 일부는 소외된다면, 전체적으로 봤을 때 조직의 성과는 좋지 못할 것이다.

내가 아는 정보를 기꺼이 조직 내의 다른 동료들과 공유할 수 있어야 한다. 나만 알고 있겠다고 해서 본인이 차별적으로 더 우월해지는 것이 아니다. 후배 사원에게 모든 것을 알려주었다고 해서 그 후배 사원이 나를 추월할까 걱정해서는 안 된다. 선배로서 알고 있는 지식과 정보를 후배에게 기꺼이 모두 알려주고 전수해주고, 선배인 나는 계속 앞으로 나아가야 한다.

요즈음은 클라우딩 시대이다. 정보를 나의 컴퓨터 하드에만 저장하는 시대는 지났다. 내가 알고 있는 것을 내 머리에만 저장하려는 것은 나의 컴퓨터의 하드에만 저장하려는 것과 같다. 하드가 꽉 차면 더 이상 정보를 저장할 수 없다. 언제, 어느 곳에서라도 접속을 하는 것이 불가능하다. 클라우딩 서비스를 이용하여 언제, 어디에서든 수시로 원하는 정보를 사용할 수 있듯이, 내가 아는 정보를 나의 머리, 나의 하드에만 저장하지 말고, 다중의 머리, 동료의 머리, 상사와 부하, 전후좌우 업무적으로 관련된 사람들의 머리에 저장해야 한다. 우리가 원할 때 언제라도 그들의 머릿속으로부터 꺼내올 수 있다.

　보고라는 것, 정보 공유하는 것은 나의 머리를 동료의 머리와 같이 동기화하고, 동료의 머릿속에 나의 정보를 넣어두는, 마치 클라우딩 서비스를 이용하는 것과 같다고 비유할 수 있다.

중국과의 인연

중국통의 의미를 생각하며

중국 비즈니스

중국사람 마음 얻기

맛있는 중국어

3부

중국이 좋아하는
사람이 되려면

chapter **1**

중국과의 인연

조상 삼대의 음덕으로

상하이에서 한국 유학생들을 대상으로 열리는 워크숍에 강사로 초청을 받곤 한다. 성공적인 창업이라는 제목으로 강의를 할 때마다 나는 이렇게 말하곤 한다.

"여러분들이 중국에서 유학을 하고 있다는 것, 그리고 중국과 인연을 맺었다는 것은 참으로 복 받은 일이 아닐 수 없습니다. 과장을 좀 더 하자면, 조상 삼대의 음덕이 쌓여야 이런 복을 받을 수 있습니다."

중국은 우리 자신에게 기회가 많은 나라다. 중국을 생각하면 바로 떠오르는 것이 큰 나라, 많은 인구를 가진 막강한 글로벌파워 국가, 무궁한 성장 잠재력을 가진 내수 시장 규모이다. 이런 기회의 땅, 기회의 나라에 우리가 있다.

상하이, 더 나아가 중국에는 수많은 한국 학생들이 유학 중이며 기업의 주재원들과 개인적인 비즈니스를 하는 분들이 살고 있다. 한국이나 혹은 다른 나라에 있는 한국인들 가운데도 중국과 비즈니스나 혹은 다른 분야의 일들로 중국과 인연이 있는 분이 많을 것이다.

이제는 중국과 관계없는 생활을 할 수가 없다. 중국에 한 번도 가본 적이 없거나, 관련된 분야에서 일하지 않기 때문에 얼핏 생각하기에는 중국과는 아무 관계없이 살고 있다고 생각하는 분들도 있을 것이다.

그러나 조금만 달리 생각하면 우리가 생활 속에서 사용하는 생필품만 하더라도 중국으로부터 수입한 제품들이 꽤나 많다는 걸 알 수 있다. 우리가 먹는 것, 입는 것 가운데 중국산이 섞여 있다. 순수한 100% 국산 재료로 만든 음식만을 제공한다는 식당에서조차 이쑤시개는 거의 중국산일 것이다. 한국에서 생산한 제품일지라도 사용한 원료가 중국에서 수입되어 가공되었을 수도 있다.

지난 오천 년 한민족의 역사는 중국과 밀접한 관계를 맺어왔다. 중국을 통하여 불교, 유교, 도교의 사상이 한국으로 전해져 왔다. 우리의 풍습 가운데 많은 부분이 중국으로부터 들어왔다. 우리의 근현대사에서도 한국전쟁에 중공군이 개입한 과정에서부터 오늘 날 남과 북이 여전히 나뉘게 된 과정에도 중국은 개입해 왔다. 앞으로 이루어내야 할 한반도의 통일에도 중국의 역할은 중요할 것이다. 아주 오래전부터 인접국가로서 중국은 우리와 떼려야 뗄 수 없는 관계를 유지해오고 있는 것이다.

70년대 문화혁명으로 인한 폐쇄적인 국란을 마감하고, 80년대 초반부터 개혁 개방을 통하여 시장 메커니즘을 도입하면서 중국 경제는 급속한 발전을 거듭해왔다. 80년대 개혁 개방 초기, 90년대 과속 성장기, 2000년대 지속 성장기를 거치면서 중국은 세계적인 시장으로 자리매김했다. 한국은 지리적으로 중국과 무척 가까운 위치에 있으면서 중국의 발전 단계에 필요한 원자재를 판매하면서 크게 성장을 할 수 있었다.

한국은 가장 인접한 국가에 막대한 수요 시장을 두게 된 셈이다. 그로 인해 한국의 석유화학, 철강, 섬유, 전자 등 많은 산업이 크게 성장을 할 수 있었다. 2010년대에 접어든 지금 한국의 삼성, LG 등의 기업은 중국의 내수 전자 소비자 제품 시장에서 시장 점유율 선도를 달리고 있다.

현대자동차 역시 중국 베이징(北京), 장쑤성 앤청(江苏省盐城), 스촨성 더양(四川省德阳) 등지에 자동차 제조업을 투자하면서 중국 시장에서 자동차 판매 수량에서 왕성한 시장 점유율 상승세를 타고 있다. 그 외에도 소비자 제품 시장에서 한국의 의류 업체인 이랜드, 식품 용기 업체인 락앤락, 제과업인 롯데 등 많은 업체들이 중국 내수 시장에서 탄탄하게 성장하고 있다. 수많은 기업들이 세계에서 가장 큰 내수 시장인 중국에 진출하여 글로벌 경쟁력을 강화하면서 발전을 하고 있다.

이와 더불어 90년대 초부터 중국에 진출하기 시작한 한국인들은 중국의 곳곳에서 유학을 하거나 사업을 하고 있다. 상하이를 포함한 인근 도시에 한국인이 거의 10만에 육박하고 있다. 상하이에 유학을 하고 있는 한국 학생의 수는 약 삼천 명이라고 한다.

중국을 좋아하세요?

"중국을 좋아하세요!"

내가 사람들에게 늘 권하고 싶은 말이다. 한국의 대기업들은 92년 한중 수교 이후 중국 현지에 지사 설립 등을 통해 진출하기 시작했다. 나는 근무하던 기업의 중국 사무소 설립 초기 단계부터 주재원으로 근무를 한 사람이다. 96년 초, 사무소가 설립된 때부터 98년까지 초기 3년간 본사의 사장은 단 한 번도 상하이를 포함한 중국의 어느 지역으로도 출장을 다닌 적이 없었다. 그런 와중에 1998년도에 중국 판매 수출 실적이 매우 높아진 덕에 나는 차장으로 특진을 하게 되었다.

중국 실적 성장에 주목하고 나를 차장으로 특진시킨 본사 사장은 1999년에 드디어 상하이 출장을 결심하였다. 상하이에서 열심히 일하는 나를 격려하고 중국 시장을 둘러보기 위해서였다. 사장이 중국에 와 처음 내게 건넨 말이 새삼 기억난다. 평소에 자장면을 입에 대지도 않을 정도로 중국을 그다지 좋아하지 않던 본인이 중국 시장의 크기에 새삼 놀랐다고 말했다.

사장은 상하이를 방문하고 난 후 중국에 대한 선입견을 단박에 버릴 수 있었다. 그는 최소한 매 분기마다 중국에 출장을 오게 되었고, 결국에는 2000년대 초에 중국 항저우와 스촨성에 각각 투자하여 공장을 건설하는 것을 결정하기 이르렀다. 중국에 대한 편견이 가득했던 분이었는데 결국은 중국을 무척 좋아하게 된 것이다.

물론 유럽이나 미국과 같은 서방 선진국에 비하면 중국을 대하는 우리의 태도는 그리 좋지만은 않다. 그러나 우리의 삶은 중국과 무관하지 않다. 중국 경제의 파급 효과는 한국에게 실로 어마어마한 영향을 미친다. 중국의 정치적, 군사적인 영향력은 늘 한반도의 장래에 중요한 영향을 미친다. 21세기 국가경쟁력이 경제력이라고 한다면, 우리는 더더욱 중국의 영향에서 자유로울 수가 없다. 이미 중국은 G2국가가 되어 미국과 어깨를 겨루고 있고, 심지어 미래에 G1이 되기 위해 미국까지 넘보고 있는 것이다.

우리는 중국을 알아야 한다. 중국을 배워야 한다. 성장하는 중국으로부터 우리 개인의 기회를 발견하여야 하고, 우리 기업의 기회를 창출해내야 하고, 국가 차원에서 중국과의 관계를 국익에 유리하도록 활용해야 한다. 상대를 알고 배우기 위해서는 상대를 좋아해야 하는 것이 선행될 과제일 것이다. 좋아하지 않으면 상대를 속속들이 이해할 수 없다. 나아가 기본적인 관심을 넘어서 상대를 좋아하는 수준에 이르면, 남들이 보지 못한 기회마저 포착할 수 있다.

중국에 계시는 분들께 말씀을 드리고 싶은 게 있다. 중국에 있는 동안, 보다 적극적으로 중국을 좋아했으면 한다. 어떤 분들은 중국인을 욕하고 중국을 싫어하면서도 중국에서 일을 하며 살아가고 있다. 이렇게 살면 중국에 있는 동안의 삶이 고단할 수밖에 없고 중국을 이해할 수도 없으며 중국이 자신에게 기회가 될 수도 없다.

생각을 바꾸면 간단하다. 중국에서 유학이나 사업을 하거나, 중국 주재원으로 일하거나 취업 또는 장사하게 되는 것 등 중국과 직접 간접적으로 인연을 맺게 된 것은 조상님들의 음덕이라고 생각을 하는 것이다. 감사한 마음으로 중국을 바라보며 부정적인 부분들에 대해서도 긍정적인 비판과 분석적인 시각을 유지하면서 중국을 좋아해야 한다. 중국에 대한 시각을 조금만 바꾼다면 우리는 중국에서 더욱더 많은 기회들을 찾아낼 수 있다. 우리 개인, 우리 기업, 우리 국가의 내일을 더욱더 좋게 바꾸어 나갈 수 있다.

중국이 준 선물

한국의 대기업에서 근무했던 1996년 1월 초에 상하이, 뉴욕, 프랑크푸르트, 동경 등 해외 지사 근무로 인사 명령을 받고 출국 준비를 하던 신임 주재원들이 출국 전에 자주 모이던 회의실이 있었다. 출국을 준비하는 사람들이 사용하던 방이었다.

1996년 당시, 미국 뉴욕이나 일본 동경 사무소로 인사 발령을 받은 분들을 보면서 마음속으로 상하이로 인사 발령을 받은 것이 훨씬 낫다는 생각을 했었다. 미국이나 일본은 이미 선진국이고 새로운 기회를 찾기가 쉽지 않은 국가이며 시장이다. 하지만 중국은 개발도상국이고, 이제 막 성장을 하기 시작한 초기 단계에 있기 때문에 많은 기회가 있는 국가와 시장일 것이라고 내심 믿고 있었다.

지금 생각해봐도 그 당시의 내 믿음이 맞았다고 확실하게 이야기를 할 수 있다. 당시에 미국이나 유럽, 일본으로 파견되어 나가셨던 분들은 짧게는 2년, 길게는 5년 정도 몇 년 주재원으로 근무하다가 전부 복귀 인사 명령을 받아 한국으로 되돌아왔다.

내 경우는 중국의 성장세에 힘입어 회사의 중국 진출의 정도와 규모도 확대되었고, 그에 맞추어 주재원으로 근 12년이란 긴 시간을 근무하게 되었다. 어느 나라를 제대로 느껴보려면 10년 이상의 세월을 그 속에서 살아야 하지 않나 생각한다. 미국이나 유럽에서 근무하던 분들은 이미 성숙된 시장이기에 탁월한 실적을 낼 수는 없는 구조 안에서 일을 한 셈이었다. 중국에서 근무하던 나는 회사조차도 예상치 못한 중국 판매 실적을 달성할 수 있었다. 이로 인하여 나는 회사에서는 물론, 중국 시장으로부터 인정받는 사람이 될 수 있었다.

중국에서 근무하는 사이에 중국어 실력은 자연스럽게 늘었다. 중국에 대한 이해 정도나 사업을 수행하는 능력도 향상되었다. 한국과는 다른 문화권에서 중국인들과 친구가 되고, 중국인들과 함께 일을 수행하는 남다른 감각도 체득하게 되었다. 이런 경험이 바탕이 되어 현재 나는 중국 상하이에서 창업한 회사를 경영하고 있다. 지금은 내 경험이나 생각을 더욱 자신 있게 말할 수 있다. 이것이 중국에서 받은 선물이다.

개인적으로는 자녀들의 교육적인 면에서도 중국에서의 삶은 많은 도움이 되었다. 내 아이들은 중국어 환경에서 국제학교를 다니면서 중국어와 영어를 병행 학습하였고, 이는 습득 능력이 활발한 시기에 매우 좋은 경험이 되었다. 그 결과로 아들, 딸 모두 미국과 한국의 명문대학에 진학하게 되었다. 자녀들이 글로벌 시대의 경쟁력을 자연스럽게 갖출 수 있었던 건 중국에서의 생활 덕분이라고 믿고 있다.

중국어 공부

서울 올림픽이 열렸던 1988년, 나는 대학을 졸업하고 신입 사원 생활을 시작하였다. 첫 근무 부서는 수출 부서였다. 한중 수교가 이루어지기 전인 1991년부터 나는 수출 영업을 위해 중국 출장을 다니기 시작했다. 나는 잦은 중국 출장으로 인해 중국어를 배우고 싶다는 생각이 들기 시작했다.

회사의 출근 시간은 오전 9시. 나는 입사 후부터 개인적인 어학 공부를 위해 회사에 일찍 출근하기 시작했다. 신입 사원 첫 해에는 영어 회화 공부를 했고, 2년차부터는 일본어를 공부하기 시작했다. 나는 매일 7시 반까지 출근을 해서 1시간 반 가량 일본어 공부를 했다. 그 당시 벽제에서 충무로에 있는 회사에 출근하려면 1시간 반이 걸렸다. 벽제에서 버스로 구파발에 와서 지하철을 타고 충무로에 있는 회사에 출근을 했다. 매일 새벽 5시를 조금 넘은 시간에 일어나서 6시경 집을 나섰다. 3년 정도 공부하니 일본어로 비즈니스를 할 수 있었고 통역을 할 수준이 되었다. 일본어에 자신이 붙자 92년부터 중국어를 공부하기 시작했다.

회사 사장은 아침 일찍 사무실을 순시하다가 내가 다른 직원들보다 일찍 출근하여 중국어를 공부하는 것을 자주 목격하게 되었다. 사장의 머릿속에는 내가 매일 일찍 출근하는 사원이었다. 한동안은 일본어 공부를 열심히 하더니 이제는 중국어를 열심히 하는 모습을 자주 보게 된 것이다. 회사를 직접 경영하는 지금도 나는 습관적으로 일찍 출근하는 편인데, 자기 계발을 위해 일찍 출근하는 직원은 다른 직원들보다는 예뻐 보인다. 항상 일찍 사무실에 도착하여 남들보다 하루의 시작을 먼저 하는 직원들을 보면 그들이 자연스럽게 좋아지고 그들을 더욱 인정하게 된다. 내가 사원이었을 때 당시의 사장님도 늘 일찍 출근하여 중국어 공부를 하는 내 모습을 좋게 평가했을 것이다.

1994년이 되자 회사에서는 중국 사업 진출을 위해서 해외 개발팀을 조직하여 중국 시장에 대한 조사 업무와 진출 전략 기획을 시작하였다. 회사 내에 중국 사업을 담당해나갈 인재를 양성하기 위하여 각 본부별로 후보자를 선발하여 베이징으로 1년씩 어학연수를 보내는 프로그램도 만들었다. 맨 처음 본부별 후보자 명단에는 내가 없었다. 그때, 사장은 내가 일찍 출근하여 홀로 중국어 공부를 하던 걸 알고 있었기 때문에 사장이 직접 내 이름을 거론하며 연수 파견자 명단을 수정하도록 지시했다. 그렇게 나와 중국의 인연이 시작된 것이다.

94년 9월부터 95년 6월 말까지 나는 베이징어언대학에서 어학연수를 했다. 베이징에 도착하기 전에 이미 스스로 공부를 했던 덕분에 2학년으로 배속되어 공부를 시작했다. 베이징에서 1년 공부한 결과, 지금은 개편되었지만 당시의 외국인 중국어 능력 시험인 HSK 시험에서 9급을 받았다. 외국학생 중국어 작문대회 1등, 중국어 웅변대회 2등의 성적을 거두기도 했다.

어학연수를 시작하면서 나의 목표는 단순히 HSK 시험 급수가 아니었다. 회사에서 나와 같이 베이징어언대학으로 어학연수를 온 회사 동료들, 그리고 다른 대기업에서 어학연수를 온 직장인들, 그리고 젊은 대학생들의 중국어 공부의 목표는 대부분 당시의 일반 HSK 최고 급수이었던 8급이었다. 당시 내 목표는 HSK 급수가 아니었기 때문에 HSK 문제집을 한 번도 공부해본 적이 없었다. 늘 머릿속에는 중국의 영도자와 회사의 사장이 회견하는 모습이나 회사의 사장과 최고경영층이 중국의 기업 사장단들과 합작 협상을 하는 장면이나 합작계약서를 체결하는 모습이 있었다.

회사가 비싼 돈을 들여 1년씩 직원들을 베이징으로 파견하여 중국어를 공부하게 하는 이유는 회사가 중국에 투자 진출을 하기 위함이다. 중국 투자를 위해서 중국 측과 협상을 할 때, 최전선에서 내가 통역하고 내가 직접 중국 측과 담판을 벌이는 모습을 상상했다. 투자계약서나 합작계약서에 서명하는 체결의식을 할 때, 그 자리의 주인공이 되어 있는 내 모습을 구체적으로 상상하였다. 다른 유학생들은 HSK 8급, 부족하면 7급을 따는 것을 목표로 삼을 때 나는 중국 프로젝트의 최전선에서 주인공이 되는 실전을 상상한 것이다. 물론 그렇게 되기 위해서는 치열한 노력이 뒷받침 되어야만 했다.

방학이 되어 다른 학생들은 대부분 여행을 떠났을 때, 나는 대학 내의 서점에 가서 3학년 4학년의 중국어 교재를 전부 샀다. 고급 한어 1, 2, 3권, 고급 회화 등의 책을 사서 한 달이 채 안 되는 짧은 방학 동안 홀로 독파를 했다. 2학년 1학기를 마치고 2학기가 시작될 무렵, 나는 이미 3, 4학년 공부를 마스터한 셈이었다. 똑같은 1년간의 중국어 연수 기간이었지만 사람마다 그 결과는 다르게 나타났다. 다른 유학생, 어학연수생들은 8급, 7급 등을 받는데 나는 고급 HSK 시험에 도전하여 9급을 받았다.

1996년 1월에 상하이사무소 설립 주재원으로 상하이에 온 이후로 지금까지 19년째 상하이에 살고 있다. 12년은 주재원으로, 그리고 스스로 창업한 상윤무역을 경영하며 7년째를 보내고 있다. 지난 중국에서의 시간 동안 나는 누구보다도 중국에 대한 애정이 많았고, 그렇기 때문에 누구보다도 적응을 잘 할 수 있었다. 중국은 내게 많은 것을 경험하고 배우게 하고 성장하게 해주었다. 지금 중국 도처에 있는 수많은 대학에서 중국어를 공부하고 있는 한국 유학생들이 있다. 내가 그동안 중국에서 일을 하고 살면서 겪었던 경험들을 바탕으로 참고가 될 만 한 점들을 조금 정리해 드리고자 한다.

첫째, 만약 중국과 인연을 맺었다면 중국에 대한 애정의 수준을 높여야 한다. 중국과의 인연이 자신의 인생에 큰 축복이 되도록 만들어 가야 한다. 중국에 있으면서 중국과 중국인, 중국 문화를 비방하면서 시간 낭비, 인생 낭비, 기회 낭비를 하지 않기 바란다. 중국에서의 기회는 어떤 시각으로 보느냐에 따라서 만들어질 수도 있고, 다가올 수도 있다. 그런 기회를 바탕으로 우리 자신에게 큰 축복이 되는 삶을 엮어 갈 수 있다.

둘째, 그동안 중국과 직간접적으로 인연을 맺지 못했다고 생각하는 분들도 이제부터 중국어를 배우고, 중국 관련한 정보를 접하고, 중국을 여행하고, 중국 음식을 먹어보기를 권한다. 중국이 자신의 인생에 좋은 기회를 제공하는 전환점이 될 수 있도록 지금부터 중국을 공부해야 한다. 특히 중국어를 공부하기를 권한다. 중국어에는 많은 철학이 담겨 있기 때문에 중국어 공부 자체가 삶의 철학을 공부하는 것이 된다. 내가 중국어를 재미있게 공부할 수 있었던 것은 중국어에 많은 지혜가 담겨 있기 때문이다.

이제 영어만 가지고 경쟁력이 있는 인재가 될 수 없고, 세계를 이해한다고 할 수도 없다. 반드시 중국과 중국어를 알아야만 영어권을 아는 것과 더불어 더욱 큰 경쟁력이 될 수 있다.

중국통의 의미를
생각하며

경쟁사에게서 받는 존경

얼마 전 장쑤성 이정시(仪征市)에 다녀온 적이 있다. 상하이에서
난징으로 가는 고속도로를 이용하여 서북 방향으로 자동차로 약
세 시간 정도 운전하면 양쯔강(扬子江) 남쪽 전장시(镇江市)에 이르
게 되는데, 강 북쪽 양저우시(扬州市)로 이어주는 뤼양대교를 건너
면 양저우시 서쪽에 위치하고 인구가 70여만 정도 되는 현급 도시인
이정시가 있다.

이 도시에서 가장 큰 기업으로 중국 석화 그룹 산하의 이정화섬
(仪征化纤)이라는 회사가 있다. 중국에서는 중국석화(SINOPEC)라
는 간판의 주유소를 많이 볼 수 있는데, 그날 내가 방문한 기업이
이 그룹에 속한 회사이다. 이정화섬은 상하이 주식 시장에 상장되어
있는 국영 기업으로 화학 섬유 원료 및 섬유를 생산하는 기업으로

2012년 매출액이 한화로 3조 원 정도 되었다고 한다.

우리 회사는 2009년부터 이 회사와 정식 거래를 시작하여 지금은 이 회사가 생산하는 특수 섬유의 가장 큰 바이어이기도 하고, 또한 우리가 구매하는 특수 섬유 제품의 생산 원료를 공급 해주는 공급처이기도 하다. 원료를 팔고, 그 원료로 생산한 제품을 구매하여 주고 있는 양 방향 거래 관계를 맺고 있는 셈이다. 이 회사는 1981년에 중국 정부에서 대규모로 자금을 지원받아 당시 중국에서 가장 큰 규모로 세운 폴리에스터 섬유 생산 기업으로 시작하였다. 1980년대 말부터 90년대 초 북한은 이 회사의 폴리에스터 섬유 생산 기술을 도입하여 공장을 짓는 것에 관심이 있었다. 김일성 주석이 이 업체의 생산 시설을 시찰하러 오기도 했던 역사의 기록이 있는 업체이기도 하다.

해외 수출을 상담하고 독점 수출 판권을 얻어내기 위해서 처음 이 업체를 방문했을 때, 당시의 특수 섬유 사업 담당 총경리와 일행들이 나를 반갑게 맞이해주었다. 총경리는 내가 유능한 중국통인지를 잘 알고 있다면서 말을 건넸다. 중국말에 '萍水相逢, 一见如故(핑쉐이 샹펑, 이찌엔루꾸).' 라는 말이 있다. "부평초와 물이 서로 만나듯이, 우연히 만났는데 마치 옛 친구를 만난 것처럼 바로 친해진다."라는 뜻이다.

그전까지 이 회사의 책임자들과 한 번도 만난 일이 없었다. 나는 작은 회사를 이제 막 시작한 지 겨우 이 년밖에 안 되었고, 상대방은 중국에서 실력 있는 공산당 회사, 대형 국영 그룹 회사인지라 걱정이 앞섰다. 첫 대면하러 가는 길 내내 그들이 과연 나를 얼마나 존중해줄 것인지 내심 걱정을 하면서 갔던 터였다. 그런데 만나자마자 그들은 되레 나에 대한 칭찬을 하면서 대화를 시작했고 나는 움츠렸던 어깨를 풀면서 긴장하지 않고 회의를 진행했다. 그 결과 그날 바로 독점 수출 판권을 딸 수 있었다. 그 이후로 지금까지 이 회사의 특수 제품은 우리 회사를 통해서만 수출이 되고 있다.

그들은 이미 나를 알고 있었다. 중국 스촨성 쯔공시에 있던 한국 굴지의 대기업 공장, 그러니까 내가 이전에 다니던 회사의 저력을 통해 이미 나를 알고 있었던 것이다. 뿐만 아니라 상하이 주재원으로 근무할 당시 한국 본사 제품을 중국 시장에 판매했던 내 경력 역시 익히 알고 있었다. 왜냐하면 내가 상하이 주재원으로서 판매하던 제품, 그리고 스촨성에서 총경리로서 책임을 맡고 있었던 제품들은 이 회사가 생산하는 주력 제품들과 경쟁관계에 있었던 것이다. 그들 입장에서 나는 주요 경쟁 업체의 대표였던 것이다.

회사 일을 열심히 할수록 중국의 동종 업계와 고객들에게 내 이름의 소문이 널리 퍼졌던 것이다. 경쟁 업체였던 이 업체 입장에서는 비록 내가 경쟁자이긴 했지만 나를 인정하고 존경하였던 것이다. 그들은 회사를 떠나 창업을 시작한 내게 "당신의 능력을 인정한다.

당신의 능력이면 우리 제품을 아주 잘 판매해줄 것 같다. 수출 판권을 주겠다."라며 흔쾌하게 수출 판권을 건넸다. 비록 이날 판권을 받아온 제품은 과거에 판매했던 아이템과는 전혀 다른 제품이었지만 그들은 나의 이전 경력을 신뢰한 것이다.

주재원을 시작한 후 약 3년 정도 되었을 때, 회사의 한국 경쟁 업체 수출 부장이 상하이 출장을 온 차에 나를 찾아온 적이 있었다. 그분은 중국에 출장을 와서 방문했던 중국 거래처들로부터 내 이름을 많이 들었다고 했다. 중국 고객들이 나를 두고 대단한 한국 사람이고, 중국 통이라며 칭찬을 하는 것을 자주 들었다고 말했다. 나중에 알게 된 일이지만, 그 회사 내에서 판매 전략 회의를 할 때마다 내 이름이 자주 거론되었다고 한다.

"박상윤이가 누구야? 가는 곳마다 그 친구 이야기를 하고, 그 회사 제품을 사용하고 있던데. 우리 회사의 중국 판매는 대체 뭐 하는 거야? 우리 직원들도 박상윤이를 좀 배워라."

일테면 이런 식의 대화가 오고 가곤 했다고 한다. 그들은 급기야 나의 고향과 출신 학교 등 나의 개인 신상을 조사했다고 한다. 당시 내 직급은 과장이었는데, 나보다 나이가 한참 많은 경쟁사 부장이 내가 어떤 사람인지 얼굴 한 번 보자고 찾아온 것이었다. 내가 열심히 일하고 판매 업무를 잘 하다 보니 경쟁사에서 나 때문에 골치를 앓아 하면서도 나를 존경하고 인정해 준 것이다.

주재원 시절 최선을 다했던 과거가 있었기 때문에 업계에서는 내가 아는 사람보다 나를 아는 사람이 더욱 많아졌다. 덕분에 창업한 이후에 사업을 하는데 많은 도움이 되고 있다. 창업한 이후 우리 회사 직원들이 화동 지역뿐 아니라 멀리 광둥성(广东省), 푸젠성(福建省)으로 출장을 다녔다. 출장에서 돌아온 직원들이 나에 대한 출장지에서의 소문을 내게 이야기해주곤 했다. 업체를 방문하여 상담을 하다 보면 다들 나를 안다고 말한다는 것이다. 나는 중국 업체에서 레전드가 되었다는 사실을 입증한 셈이었다.

가끔 직원들에게 자신이 담당하는 제품을 판매할 때는 어떤 수준이 되어야 하는지 말하곤 한다.

"만약 누군가 자네 이름을 모르고 있다면 중국이 아무리 크다고 하더라도 그는 동종 업계 사람이 아니거나 동종 업종을 모르는 사람이다. 이 업계에 있다고 하면서 너의 이름을 모른다면 그는 간첩이다. 그렇지 않으면 자네가 치열하게 노력을 하지 않은 것이다."

중국 통이란 이야기를 들으면서

이정화섬과 몇 년째 거래를 하다 보니 자주 방문하게 된다. 그럴 때면 사업 책임자들과 함께 상담 및 현황에 대한 의견 교환 등의 대화를 나누면서 식사를 같이 한다. 어느 날엔가 사업 총괄 총경리와 공장장, 판매 경리 등과 같이 점심을 먹으면서 서로 맥주를 주거니 받거니 하고 있었는데, 그 업체의 직원들이 회사 최근 분위기에 대해서 이야기하는 것을 얼핏 들을 수 있었다. 들은 내용인즉 시장 경기가 좋지 않아 신제품 개발, 신규 프로젝트 추진 등으로 사장으로부터 질책과 압박을 많이 받고 있다는 것이다.

옆에 있던 내가 웃으면서 한마디 거들었다. "伴君如伴虎(빤쥔루 빤후)." 이 말의 뜻은 "임금을 섬기는 것이 호랑이를 섬기는 것과 같다."이다. 슬쩍 농담 삼아 중국어로 이 말을 건네니 이 친구들이 내게 "피아오종은 중국 통!"이라며 화답을 하더니 "간뻬이(건배)!"를 권했다. 그날은 농담 덕분에 분위기 좋게 점심을 먹은 후 상하이로 돌아왔다.

얼마 전에 중국 친구가 6년 만에 우리 회사를 찾아왔다. 2주 전에 중국의 기업가 열 명을 데리고 한국에 출장을 갔었다고 했다. 한국에 가게 되니 한국 친구인 내가 생각이 나서 상하이로 돌아와 곧바로 내게 연락을 했다고 했다. 오랜만에 얼굴을 보자고 회사까지 찾아와서 반가운 만남을 가졌다. 나는 2005년 가을 학번으로 상하이에 있는 푸단대학교(复旦大学)의 2년 과정 EMBA를 공부했었다. 내가 한국인으로서는 최초의 푸단대 EMBA 학생이었다.

그와 나는 동창, 중국어로는 同学(통슈에)이다. 그와 같은 반에서 수업을 받을 때, 반 전체에서 유일한 한국 사람이었던 나는 모든 수업 시간에 항상 맨 앞줄의 가운데 자리에 앉아서 강의를 들었다. 또한 수업 시간마다 발언을 가장 많이 하던 열정적인 학생이기도 했다. 중국, 대만, 홍콩 학생이 아닌 유일한 외국인인 한국 학생이 늘 수업 시간에 제일 활발하게 의견을 이야기하고, 반의 학생들 회식 자리에 가면 분위기를 주도해서 그랬는지 그때 푸단대 통슈에들에게 나는 꽤나 인상 깊게 자리하고 있었다.

친구는 상하이시 민항구 법원에서 법관으로 10여 년을 근무하다가 변호사 사무소를 개설하였다. 사무실은 우리 회사에서도 멀지 않은 상하이 신주앙(莘庄)이라는 지역에 있다. 나는 푸단대에서 함께 공부하던 반 친구들의 근황도 물어보고 이런저런 지난 추억을 나누었다. 직원 몇 명을 불러서 그들에게 푸단대 동창이라고 소개해주었다. 친구는 우리 회사 직원들에게 "박상윤 통슈에(同学, 급우)가 예전에 푸단대 EMBA에서 공부할 때 가장 활달했다."라고 말하면서 "자기가 아는 한국 사람 중에 박 통슈에가 진정한 중국 통이다."고 이야기를 했다.

최근 계속해서 중국 사람들로부터 내가 중국 통이라는 칭찬을 듣게 되었다. 이 말은 지난 십여 년 동안 중국에서 근무하면서 수없이 들어온 칭찬, 격려, 어떤 때는 인사치레의 말이다. 또 앞으로도 또 많이 듣게 될 말이다.

"피아오종은 중국 통, 박상윤은 중국 통."

중국 통의 의미

중국에서 살며 일해 온 지 벌써 십구 년의 세월이 흘렀다. 중국의 동부에서 서부까지, 북부에서 남부까지 웬만한 성과 도시는 수 없이 다녔다. 중국 사람들보다 더 많이 중국의 곳곳을 다니면서 그들보다 더 많은 지역의 음식들도 먹어보았다. 웬만한 중국인들보다 더 많이 중국 로컬 비행기를 타보았다. 사람은 기후와 풍토의 영향을 받는 법인지라 내 외모에서 중국사람 같은 느낌이 든다는 말도 많이 들어왔다.

중국어 통역도 수없이 했었다. 중국 국무원 위원이었던 쪼용캉(周永康) 정법위원이 스촨성 당서기를 하던 시절에 그의 중국어 통역도 해보았고, 그 후 스촨성 당서기, 성장, 다른 성의 부성장, 당서기, 시장들의 통역도 수없이 해보았다. 포럼에서 중국어로 연설도 하고 한국과 중국 동종 업계 간에 진행된 고위급 포럼의 사회를 맡아 진행하고 통역도 해보았다. 물론 한국에서 출장 오는 본사 사장과 임원, 그리고 선후배 동료 및 거래처 손님들의 통역을 하는 것은 당연한 업무였다. 중국에서 주재원 생활을 하는 분들은 나와 비슷한 경험을 하기 때문에 나의 통역 경험이 특별한 것은 아니다. 통역은 필요한 경우에 하는 것이고 중국어로 업무를 하는 것은 일상이다. 한국 업체의 중국 협상 컨설턴트를 맡아서 성공적으로 협상을 이끈 경험도 가지고 있다.

스촨성 쯔공시에 투자한 공장의 준공식을 할 때는 중국어로 사회를 보기도 했다. 이날 나의 모습을 기억하는 많은 분들이 두고두고 이야기한다. 준공식에는 스촨성 당서기, 성장, 부당서기, 성급 영도자들과 시의 당서기, 시장 등이 행사 식단에 앉았다. 한국에서는 주중대사, 그룹 회장, 부회장, 사장이 식단에 자리를 잡았다. 기타 많은 공급상과 고객의 대표들이 참가했다. 많은 지역 주민, 종업원들이 참석한 성대한 준공식이었다.

내가 사회자로서 식단에 오르기 전, 그 지역 TV 방송국에서 전문적으로 MC를 하던 남, 여 진행자가 사회자인 나를 소개하고 단상을 내려간 뒤에 내가 한국어와 중국어를 동시에 사용하면서 식 전체를 진행했다. 중국 측 VIP의 중국어 연설은 한국어로, 한국 측 VIP 한국어 연설은 중국어로 나 혼자 동시에 통역하면서 멋지게 준공식 행사를 진행하였다.

오랜 세월 중국어를 해온 경험이 있었기에 내 목소리는 자신감이 넘쳤고, 중국어 발음은 정확했다. 목소리에 음악적으로 리듬을 주어가며 분위기를 마치 애드벌룬 띄우듯이 최고조로 끌어올렸다. 식이 끝난 후 스촨성 당서기는 중국의 여느 방송국 프로페셔널 사회자들보다 더 잘했다고 나를 극찬했다. 준공식을 지켜보았던 시 당서기, 시장, 공무원들은 내가 중국 사람보다 더 선동력이 있다고 말하기도 했다. 중국인보다 더 중국적인 선동력이 넘치는 웅변의 포스가 있다는 것이다.

그렇다고 해서 내가 중국 통일까? 여전히 나는 중국 통은 아니라고 생각한다. 나더러 중국 통이라고 칭찬하시는 분들께 나는 중국 통이 아니라 그냥 중국에 잘 적응하는 사람이라고 말씀을 드린다. 그저 겸손하고자 하는 제스처가 아니라, 진심으로 나 스스로가 중국 통이 아니라고 생각하기 때문이다.

중국 통이라 하면 응당 중국에 관한 도가 튼 사람, 그러니까 전문가를 일컫는 말이다. 나는 전문가가 아니다. 중국과 관련해 각 분야 별로 진정한 중국 통, 중국 전문가들이 많이 있다. 그분들이 신문이나 전문지에 많은 칼럼 등 중국에 대한 글을 쓰고 있다. 나는 그분들의 글을 통해 정보를 얻어 여전히 중국을 배우는 중이다. 한국으로 출장을 갈 때면 서점에 가서 한국 분들이 쓴 중국 관련 책들을 사서 볼 때도 있다. 중국의 경제, 정치, 역사, 문화 등 다양한 분야, 그리고 그 안에서 또 세부 분야별로 중국 전문가들이 한국에 있다.

나는 그 수준이 되지 않는다. 다만 내 수준은 중국에서 중국 사람들에게 잘 먹히는 수준, 그냥 통하는 수준이다. 중국은 어떤 나라이고, 산업이나 정치, 문화가 어떠하다는 것을 전문적으로 식견을 가지고 말할 수는 없다. 하지만 중국 사람들만 만나면 그들이 나를 좋아하게끔 만들 수는 있다. 표정과 위트 있는 중국어로, 그들을 존경하는 진실한 마음으로, 그들의 풍도(風度)를 맞추며 그들과 함께 잘 어우러지는 것이 아마도 나의 장점일 것이다.

나는 한국인이고, 한국에서 삼십 몇 년을 살았다. 비록 십여 년 동안 중국에서 일했지만 한국 회사의 중국 주재원이었고, 지금도 여전히 나는 한국인의 정체성으로 살아가고 있다. 그런데 내가 한국에 살았다고 한국어를 잘하고 한국의 역사를 알고 있고, 한국의 경제, 정치, 문화를 좀 안다고 해서 한국통이라고 말할 수 없듯이 내가 중국어를 잘하고 중국에 오래 살았다고 중국 통이라고 말할 수 없는 것이다. 나는 그저 "중국 사람에게 잘 통하는 사람 수준"이다. 각 분야의 중국 전문가인 다른 분들처럼, 나 역시 중국의 어느 분야를 더욱더 공부하고 연구하고자 할 뿐이다.

그렇지만 내가 제일 원하는 것은 무엇보다도 중국인들이 가장 좋아하는 한국사람, 기꺼이 같이 사귀고 싶은 한국사람, 같이 있으면 무척 유쾌해지는 한국사람, 협상 파트너로 꼭 나와 주기를 바라는 한국사람, 한국과 관련된 중요한 일이 있으면 부탁하고 싶은 한국사람이 되고자 한다. 이렇게 중국 사람들의 존경과 사랑을 받아 중국에서 계속 더 잘 '통'하는 사람이 될 것이다.

chapter **3**

중국 비즈니스

강의를 통해

중국 상하이에 있는 동화대학(東華大学) 안에는 중국 전문가인 우수근 교수가 대표이사를 맡고 있는 '글로벌 이앤비'라는 교육 기관이 있다. 그곳은 동화 대학과 연계된 한국 정부 및 여러 대학의 학생들이 중국에서 취업이나 창업을 할 수 있도록 전문적인 육성 프로그램을 지원하는 기관이다.

나는 그 프로그램을 통해 한국 학생들에게 〈중국과 젊은 우리〉 라는 제목의 강의를 한 적이 있다. 젊은 학생들에게 "꿈은 있는가? 중국과 나의 꿈은 어떻게 연결될 것인가? 어떻게 중국어, 중국을 배울 것인가?" 등의 내용으로 말을 전했다. 그 강연을 들은 학생들의 평이 좋았던지 그 이후로도 나는 강의요청을 계속해서 받고 있다. 동화 대학 말고도 쟈오퉁 대학(交通大学) 한국유학생회, 또 한국의 전북대학교 상과대학, 그리고 옥타(OKTA)라고 약칭되는 '세계 한인무역협회' 상하이지부가 개최한 '차세대 무역 스쿨'에서 중국에서 창업을 꿈꾸는 한국 및 조선족 동포 청년들에게 강의를 하기도 했다.

그렇게 여러 차례 사회 초년생인 청년들에게 강의를 하면서 새삼 느낀 것은 그들이 가장 초점을 두고 있는 화두가 취업과 창업이라는 사실이었다. 특히 한국이 아닌 중국에서의 취업과 창업을 염두에 두고 있는 친구들이 많아, 강의가 끝난 후에도 내게 적극적으로 메일을 보내거나 회사에 찾아오기도 한다. 개인적으로 찾아온 친구들에게는 사석에서 밥도 먹고 우의를 다지며 멘토링 역할을 하기도 했다. 내 강의를 들었던 청년들 중 단 한 명의 학생에게라도 도움이 될 수 있다면 나는 최선을 다해서 그들과 함께 시간을 나누고 싶다.

중국어를 잘해야 한다

중국에서 취업, 혹은 중국과 관련된 비즈니스를 하려면 반드시 선행되어야 할 것은 물론 중국어다. 언어가 안 되어 생기는 번거로움은 일차적으로 비즈니스를 하는 데 방해가 된다. 지난 4년간 우리 회사는 방학 때마다 한국에서 중국어를 전공하고 있는 대학생에게 인턴 실습의 기회를 주고 있다. 인턴 학생들의 대부분은 이미 중국에서 어학연수를 한 경험이 있었고, 중국어로 소통하는데 큰 지장이 없는 수준의 구사력을 갖추었다.

아마 중국어를 잘 모르는 사람이 들었을 때엔 그들이 중국어를 곧잘 한다고 느낄 수도 있다. 그런데 막상 이 학생들이 우리 회사에 출근을 시작하면서 살펴보면 그들의 중국어 수준으로는 도저히 중국 고객과 직접 연락하도록 훈련을 시킬 엄두가 나지 않는다. 중국어 실력이 형편없이 모자라기 때문이다.

기업의 리더라면 본인이 못하더라도 중국어를 잘하는 직원을, 혹은 통역사를 통해 일을 수월하게 할 수 있겠지만, 이제 막 사회에 발을 내딛게 되는 청년들은 본인 스스로가 실무자로 일선에서 뛰어야 하기 때문에 중국어 경쟁력을 갖추고 있어야 한다. 아니, 일반적인 사람들이 생각하는 스펙보다 더 열정적이고 화끈하게, 제대로, 열심히 공부해야만 한다. 중국 비즈니스업계 사람들과 당당히 중국어로 대화할 수 있고, 한국어와 중국어를 유창하게 통역할 수 있을 만한 수준은 되어야지, 학교에서 배운 실력만 갖고는 부족할 수 있다.

중요한 것은 무엇이든 적당한 수준은 없다는 것이다. 단순히 HSK(중국어수준시험) 몇 급을 따는 게 중국어 실력의 지표라고 생각해선 안 된다. 취업을 하기 위한 스펙으로 HSK 급수를 활용하는 수준에 머무르면 안 된다. 중요한 것은 중국어로 중국에서 사업하거나 업무를 할 수 있는 능력을 갖추는 일이다. 중국에서 중국인들과 실전 업무를 하면서 더욱 중국어 수준이 늘어 가겠지만, 중국어를 공부할 때는 최소한 혼자서 중국인들과 상담을 진행할 수 있는 실력, 그런 실력이 바탕이 된 중국어 배짱을 키울 수 있어야 한다.

중국 비즈니스를 하고 싶은 젊은 청년들이라면 머릿속에 유창한 중국어로 중국인들과 허물없이 대화하고, 그들로부터 환영받으며 멋지게 비즈니스를 해내는 자신의 모습을 계속해서 이미지트레이닝 해야 한다. 그런 구체적이고 강렬한 이미지를 갖지 않은 채 막연하게 공부해서는 실력은 늘지 않는다.

팁을 좀 알려주자면, 중국어로 비즈니스를 할 때, 고급스러운 표현들을 쓰는 것도 도움이 될 수 있다. 그들과 대화하는 도중에 자연스럽게 사자성어를 이야기하고 중국 속담을 이야기하고, 중국의 고사를 이야기할 수 있으면 그들과 더욱 가까운 사이가 될 수 있다. 중국인들은 일상적인 대화에서도 아주 자연스럽게 사자성어와 속담, 격언 등을 많이 사용한다. 그리고 중국의 지도자들이 했던 말들, 마오쩌둥이나 덩샤오핑이 했던 말도 자주 이용하고, 두보, 이태백의 시 등도 자주 인용하는 편이다.

중국어는 겸손하게 배워야 한다. 우리가 한국어를 함에 있어서 건방지게 이야기하면 상대방이 싫어한다. 마찬가지로 중국인이 듣기에 기분 좋은 중국어, 그들의 감정을 상하지 않게 하고 거꾸로 그들의 호감을 얻어낼 수 있는 중국어를 익혀야 한다. 남의 귀를 거스르는 억양과 어조의 중국어가 아니라 풍미(风味) 혹은 풍도(风度)가 있는 중국어를 배워야 한다. 풍도란 멋스러움을 의미한다. 품위가 있고 당당하면서 상대방을 존경하고 겸손하면서 분위기를 멋스럽게 이끌어 가는 매너를 가진 것을 의미한다.

이 정도 수준의 중국어를 할 수 있어야 중국 직원, 중국 고객, 중국의 기업인, 중국의 정부 관료들로부터 환영받고 인정을 받을 수 있다. 중국의 대기업 사장 혹은 그룹의 회장, 중국 정부의 지도자 등과도 만나서 대화할 수 있는 날을 고대하고 상상하고 그것을 구체화시켜 봐야 한다.

문제는 목표가 명확하냐는 것이다. 막연하게 외국에서 비즈니스를 하고 싶거나 취업을 해보고 싶은 수준이면 안 된다. 중국에서 비즈니스나 취업을 해서 중국 전문가로 성장을 하겠다는 확실한 태도가 중요하다. 그런 태도를 가지고 본인이 도달하고자 하는 수준, 그 꿈을 구체적인 이미지로 그려보아야 한다. 이미지가 구체적일수록, 그리고 자주 그려볼수록 중국어 공부를 더욱 열심히 할 수 있게 된다.

중국어만으로는 부족하다

비즈니스는 인격과 인격의 만남이다. 그것을 간과하는 사람들은 그저 상투적이고 관용적인 만남의 태도를 취하는데, 그렇게 되면 오랜 관계를 맺기가 다소 힘들다. 그저 고객, 거래처, 비즈니스일 뿐이라고 여기지 않고, 상대의 인격을 존중하면서 내 모든 진심을 다 하는 비즈니스를 해야 더욱 깊고 오랜 관계를 유지할 수 있다. 비즈니스는 수준이 높은 하나의 학문이라고 볼 수 있다. 학문은 아무나 하는 것이 아니다. 비즈니스 역시 마찬가지다. 비즈니스는 지식은 물론, 풍도 있는 언어 구사력과 더불어 품위 있는 인격과 고도의 심리전도 해낼 수 있는 능력을 필요로 한다.

중국인에게 존경을 받기 위해서는 중국인을 존경하고 중국 문화를 존경하고, 그들과 같이할 수 있도록 스스로 더욱 겸양을 익히는 수양이 필요하다. 그러기 위해서는 책을 많이 읽어야 한다. 책을 통하여 자기 수양을 해야 한다. 단순히 중국어만 배우고 일하는 방법만 습득한다고 해서 풍도와 품위를 갖출 수는 없다. 상대가 나의 식견에, 내가 쓰는 말투와 어휘에, 나의 인품에 매료될 수 있도록 하려면 삶을 깊게 하고 인문 소양을 넓혀줄 책을 많이 읽어야 한다.

스스로 큰 그릇이 되어야 많은 것을 담을 수 있다. 중국말에 '海纳百川'이라는 말이 있다. 바다는 모든 물줄기를 다 받아들인다는 뜻이다. 우리의 가슴을 더욱 크게 하여 각양각색의 중국인들을 내품 안으로 받아들일 수 있어야 한다. 우리 자신의 인격의 모습을 계속 다듬어 가야 한다. 그래야만 중국인들이 당신을 좋아할 수 있다 당신을 믿고 당신과 비즈니스를 하고 싶을 것이다.

노력보다 올바른 방향이 더욱 중요하다

중국에서 비즈니스를 하려면 관련 법규, 정부의 규제 등 시장 환경을 잘 알아야 한다. 중국은 시장이 커서 껌 하나만 팔아도 몇 십억 개를 팔 수 있다는 말은 옛말이 된지 오래다. 계획 없이 안일하게 사업을 시작했다가 실패한 기업들이 수두룩하다.

중국은 정부의 간섭이 많은 나라이다. 또한 민간 기업보다는 국영 업체를 더 보호하고 지원해준다. 중국은 의약품, 화장품의 수입을 철저히 규제하고 있다. 물론 사람의 인체에 영향을 미치는 제품이니 수입 허가가 까다로운 것은 이해가 되지만, 실제 목적은 자국 산업의 발전을 위해 수입 비준 심사를 까다롭게 하는 것이다. 그래서 정식적인 절차로 수입 허가를 받으려면 많은 시간과 엄청난 돈을 낭비할 수 있다. 건강식품 역시 마찬가지다. 정식으로 중국 정부의 비준을 받아서 중국 내수 시장에 합법 판매하기가 매우 까다롭다.

요즘 상하이에서 열리는 화동교역회 등의 전시회에 가보면 안타까운 심정이 들 때가 많다. 이런 중국 사정을 아는지 모르는지 한국 기업들은 계속해서 중국 시장에 물건을 팔기 위해 고군분투하고 있기 때문이다. 정부에서 지원해주는 해외 전시회 참가 지원비를 받고 한국의 중소기업들이 대거 참여하지만 각종 규제와 심사 때문에 수출 성과는 미미할 수밖에 없다.

어느 날 내 강의를 들었던 한국 학생이 멘토링을 해달라며 나를 찾아왔다. 그 학생은 미국에서 대학을 다니다가 휴학을 하고, 상하이의 대학으로 어학연수를 온 상태였다. 그는 미국인 동료와 함께 미국의 스포츠 건강 보조 식품을 수입하여 중국 시장에 판매하겠다는 큰 꿈을 그리며 계속 노력해오고 있었는데, 과정상 수입 허가를 받을 수 있는 가능성이 희박한 것을 알게 된 것이었다. 사업은 더뎌지고 점점 지쳐가고 있는 시점에 나를 찾아온 것이었다. 얼굴에 수심이 가득한 그에게 나는 나의 경험을 들려주었다.

우리 회사 역시 한국의 한방 약초 제품으로 얼굴 피부를 개선하는 화장품을 수입하여 중국 내수로 판매하려고 시도한 적이 있었다. 우선 영업집조(한국에서는 사업자 등록증)의 영업 범위에 화장품을 추가하는 것으로 변경 신청했는데 이는 바로 가능했다. 문제는 수입 허가였다. 허가를 받기 위해서 수많은 자료와 샘플을 제출하여 품질 통과 확인을 받았다. 그러나 중국정부는 삼 년이 지나도록 수입 허가를 내주지 않았다. 품질 확인을 받은 품종에 대해 왜 허가를 내주지 않는지 아무런 설명도 없었다. 중국 정부의 자국 경제 보호 정책이었던 걸까? 한국의 많은 회사들이 이런 식으로 하염없이 기다리다가 하나 둘 포기하고 떨어져나갔다.

나는 그 학생에게 어차피 안 될 제품에 속절없이 시간 버리지 말고 다른 아이템을 찾아보라고 조언해주었다. 제아무리 품질이 우수한 제품이어도 중국 정부가 수입 비준을 내주지 않으면 방법이 없다. 결국은 열정보다는 올바른 방향이다. 해봤자 안 될 게임에서는 재빨리 다른 방향으로 선회해보는 것도 필요하다. 대한항공이 중국 내수 항공화물 운송 사업에 투자하였다가 투자금 몇 백억 원을 날리고 1위안에 기업을 매각하고 철수했다는 뉴스를 보았다. 중국 정부가 외국 기업에게 내수 항공 물류시장을 쉽게 내줄 리가 만무했기 때문이다.

중국에서 사업을 하려면, 외자 기업 신분이라는 제약을 염두에 두어야 한다. 적법하게 경영할 수 있는 사업인지, 정부 규제 등으로 생존이나 성장이 어려운 사업인지 아닌지 사전 검토가 매우 중요하다. 더불어 한국인, 한국 기업 입장에서, 외국인, 외자 기업으로서의 강점을 활용할 수 있는 산업 혹은 사업 아이템은 무엇인지 파악하고 올바른 방향으로 노력해야 한다.

인격 매력
중국인들은 종종 내게 "피아오종(朴总 , 박 사장)은 인격 매력이 있어요."라는 표현을 자주 한다. 한국에서는 쓰지 않는 표현이라 처음 들었을 때 다소 놀라 몇 번을 중얼거렸다. 인격 매력. 이는 말 그대로 '인격적으로 상당히 매력 있는 사람'이라는 뜻이었다.

중국에서 취업 혹은 창업을 하고자 하는 젊은 청년들에게 마지막으로 당부하는 것은 인격 매력을 지닌 사람이 되라는 것이다. 세상 어느 곳이든 매력적인 사람은 사람들을 아우른다. 이는 중국에서도 마찬가지다. 특히나 '인격 매력'이라는 표현이 있을 정도로 매력적인 사람을 좋아하는 중국인들을 사로잡으려면 멋들어진 노력이 필요할 것이다. '인격 매력'이 있는 사람이 된다면 당신은 성공할 것이다.

chapter **4**

중국사람 마음 얻기

마음을 얻는 방법

"중국 사람들의 마음을 얻는 방법은 무엇일까?"

십구 년이라는 긴 시간을 중국 땅, 중국 사람들 속에서 살아온 나로서도 이런 질문을 받게 되면 막막해진다. 마음을 얻는다는 것 자체가 확실한 정도가 없기 때문이다. 사람마다 고유한 개별적 성격이 다르기 때문에 제아무리 수많은 중국인들을 상대해 온 나로써도 단순하게 어떤 방식이나 방법을 제안하기는 꺼려진다. 물론 나라마다 문화가 다르고 그 사회의 전통적인 주류의 가치 체계나 역사, 종교, 정치, 문화의 구조가 다르기 때문에 그 나라만의 특질을 많이 아는 사람일수록 그 나라 사람의 마음을 얻기는 수월해질 것이다.

예의가 없어 보이는 중국인

일본 사람의 경우, 가령 직장이나 조직 내에서의 상하 관계, 선후배 관계는 상당히 엄격한 예절을 필요로 한다. 물론 상하 관계가 아닌 경우에도 그들은 서로 간에 깍듯한 예절을 표시한다. 최대한 남에게 피해를 주지 않으려고 하고, 타인에게 공손한 예의를 표하려는 일본 문화는 되도록 남에게 피해를 주지 않기 위해서 공손하고 깍듯한 예의를 차리지만, 반면에 쉽게 마음을 열지 않기 때문에 벽을 허물고 가까운 사이가 되기엔 힘들다.

한국 사람들은 일본처럼 매우 엄격한 예의를 취하는 문화는 아니지만, 상하 관계만큼은 어느 나라보다도 딱딱한 편에 속한다. 특히 군대 문화의 영향을 받아서 그런지 노소, 상하, 선후배의 관계는 반강제적인 존경, 복종의 의미를 포함하고 있어 누구라도 쉬이 이런 틀에서 벗어나기가 어렵다.

한국의 직장 생활이나 학교, 고향 등의 선후배 문화를 살펴보면 선배의 권위에 대한 예우가 지나치다 싶을 정도로 중요하게 여겨진다. 그렇기 때문에 직급이나 사회적 지위가 높거나, 또는 부의 축적이 상당한 사람들은 대체적으로 권위 의식에 빠져 있는데, 이를 의식적으로 뽐내기도 한다. 그런 탓에 많은 부정부패가 일어날 수밖에 없다는 점이 아마 한국 사회의 약점 중 하나일 것이다.

한편 중국은 이런 점에서 일본이나 한국과는 매우 다르다. 일본 사람들이 처음 중국인들을 대면하게 되면 아마도 중국인들을 예의 없는 사람들이라 생각할지 모른다. 만일 타인을 대하는 예의 표현

(인사의 경우)에 일본인들이 90도로 인사, 한국인들이 3-40도로 인사를 한다면, 중국인들은 고개를 숙이기는커녕 살짝 끄덕이거나 눈인사를 하는 게 전부다. 중국인들의 이러한 태도는 직장 내 상하관계에서도 여과 없이 드러나는데, 이런 중국인들의 인사 습관을 모르는 한국인이 상사가 될 경우엔 다소 적응하기가 힘들 수도 있다.

문화 혁명을 거치면서 유교를 계승 발전시키지 않고, 평등을 주창했던 중국의 근현대사 과정 때문에 아마도 이러한 중국의 문화가 형성되지 않았나 하는 시각도 있다. 예를 중요시하던 공자의 사상인 유교는 중국에서부터 시작된 건데, 공산 혁명이 성공하고 문화 혁명을 거치면서 후진타오 이전, 즉 장쩌민이 중국의 최고 리더를 하던 시절까지 중국은 유교를 등한시해 온 것이 최근의 중국 문화 일반이 되었다는 점이다.

중국의 언어

중국인들이 오늘날 우리에게 보여주는 표면적인 예의 문화는 근현대사의 굴곡 이전부터 수천 년 동안 형성되어 온 것이 아닌가 싶다. 일본어, 한국어, 중국어, 3개국 언어를 비교하여 보면, 삼국의 언어 중에서 겸양어, 존경어 등의 표현 방법이 가장 발달한 나라는 일본이다. 어미 혹은 서술어의 다양한 변화를 통하여, 혹은 접두어의 다양한 첨가를 통하여 일본인은 예의를 과도하게 표하고 상호 간의 노소, 상하 관계, 선후배 관계를 구분 짓는다.

한국어 역시 어미 혹은 서술어의 다양한 변화와 어법의 변화를 통하여 노소, 선후배, 상하 관계를 충분히 고려한 언어를 구사하며 예의를 표하기 위한 언어들이 잘 발달되어 있다. 그러나 일본어만큼 다양한 변용이 있지는 않다.

그런데 중국어를 보면 마치 영어와 비슷한 느낌을 받게 된다. 한국어와 일본어는 문법이 주어 목적어 동사의 순서로 둘 다 같지만, 중국어는 주어 동사 목적어 순서로서 영어와 같다고 할 수 있다. 이렇게 영어와 문법 구조가 비슷한 중국어는 말의 꼬리, 즉 서술 부분을 변화시키는 어법이 일본어나 한국어처럼 발달되어 있지 않다. 영어로는 누구든지 유(you)라고 부르듯이 중국에서도 누구든지 니(你)라고 호칭한다. 중국어에 존경 호칭 닌(您)이 있기는 하지만 대부분 사용하는 경우가 드문 편이다.

한국어나 일본어에는 "밥을 먹었느냐?"라는 질문을 상대방과 나와의 나이, 신분 등의 관계에 따라서 다양하게 변화시킬 수 있지만, 중국어는 나이나 신분 등의 차이에 관계없이 "니츠판러마(你吃饭了吗)?"한 문장이면 충분하다.

이렇듯 언어에 포함된 겸양어, 존경어를 표현하는 가지 수는 각 나라별 예의 문화와도 연관되어 있다. 한 민족의 언어만 보아도 그

민족의 역사를 느낄 수 있다. 그 민족의 의식구조, 가치 체계, 문화 등은 언어와 상호작용하여 역사의 명맥을 이어온 것이다. 수천 년, 아니 그 이상의 역사가 중국인의 언어를 발전시켜 온 만큼 우리는 중국어를 통해 그들의 문화를 엿볼 수 있는 셈이다.

이런 언어 구조에서 보여주듯이 중국은 노소, 상하, 선후배 사이에 서로 엄격하게 예의를 갖추기를 요구하는 문화가 아닌 것으로 유추하여 볼 수 있다. 실제로 중국에서 생활하다 보면 부하 직원들이 회사 사장이나 직위가 높은 상사를 경원시하지 않고 아주 자연스럽게 대하는 것을 볼 수 있다.

중국의 큰 기업의 사장들의 경우에도 거래처 손님들과 식사를 하면서 자기 운전사를 식사 자리에 같이 앉게 하는 경우가 많다. 나 역시 외지로 출장을 가게 되면, 나와 함께 간 운전사 역시 거래처 사장이나 고위 간부들하고 식사하는 자리에 같이 앉게 되고, 서로 상하 간에 아무런 권위를 나타내지 않고 한데 어울려 대화를 하게 된다.

쉽게 다가갈 수 있는 사람

중국인들은 핑이진런(平易近人)이라는 말을 자주 사용한다. 권위의식을 드러내 보이지 않는 부드럽고 겸손한 품성이라서 친구가 되기 쉬운 사람이라는 뜻이다. 쑥스럽지만 중국에 있는 오랜 시간 동안 나는 많은 사람들에게 펑이진런(平易近人)이란 말을 들어왔다.

1990년대 후반 SK 주재원으로 근무하던 시절, 사무실의 청소와 커피, 차 심부름을 하던 나보다 나이가 더 많았던 상하이 아주머니(중국에서는 아이阿姨라고 부름)는 늘 나에게 커피를 가져다주셨다. 그분이 커피를 내주면 나는 "쎄쎄"하고 늘 고마움을 표현했는데, 그는 나의 인사에 무척이나 기분이 좋았다고 했다. 내게 커피를 줄 때면 내가 진정으로 고마워하는 느낌을 받을 수 있었다고 말하곤 했다.

SK상하이지사, 휴비스 상하이지사, 사천휴비스 공장, 그리고 지금의 상윤무역에 이르기까지, 상하이와 스촨성 회사에서 만나 온 청소를 하는 아이(阿姨)들, 공장의 포장과 출고를 담당하던 직원들, 임시공들, 운전사들은 내게 매우 친절했다. 스촨성에서 3년간의 근무를 마치던 마지막 날, 총경리실이 있던 본관 건물에서 공장 정문까지 약 100여 미터의 거리에 직원들이 나를 환송하기 위해서 길 양편으로 두 줄로 늘어섰다. 청소부 아이(阿姨)들, 임시공들, 현장의 작업자들이 눈물로 나를 배웅해 주었다.

지금 우리 회사가 입주해 있는 빌딩에는 한국의 다른 기업들도 있다. 이 빌딩의 택배를 도맡아 운영하는 택배 회사의 책임자는 나이는 나보다 적지만 훤칠한 키의 중년 남성이다. 이 친구는 가끔 내게 자기 팔을 구부려 팔의 알통을 보여주면서 아직도 스물 몇 살 열댓 명이 달려들어도 자기 혼자 너끈하게 처리할 수 있다고 웃으며 이야기하는 친구다.

이 친구는 나를 만나면 아주 반갑게 "박총!" 하면서 인사를 한다. 그는 "박총이 언제든지 나를 불러 주면 당신을 위해서 충성을 다하겠다."라고 말한다. 나는 그에게 농담으로 "칭부치(请不起), 너는 너무 비싸서 내가 모실 능력이 안 돼. 혹은 따차이샤오용(大材小用), 너처럼 대단한 큰 인재를 작게 쓸 수가 있겠니?"라고 기분 좋게나마 농을 받아치곤 한다.

그는 빌딩 안에 있는 다른 한국 회사들의 경우, 한국 사장들이나 한국 간부들은 목에 힘을 주고, 얼굴에는 도통 웃음이 없다고 했다. 다른 한국인이 경영하는 회사에 택배 업무로 늘 출입을 하여도 한국 사람들이 자신을 심부름 하는 사람이라고 하대를 하는 듯, 자신에게 인사는커녕 눈길 한 번 주질 않는데, 내 경우엔 늘 웃으며 인사하고 농담까지 해주니 기분이 좋아진다는 것이다.

어느 곳에서든 사람과의 관계가 중요한 사회에서는 핑이진런(平易近人) 할 수 있는 사람이 환영받고 인기가 좋을 수밖에 없다. 밖으로 권위를 드러내는 사람은 내면이 허약한 사람이라고 생각한다. 권위는 남들이 부여해 주는 것이지 자신이 갖겠다고 해서 가질 수 있는 것이 아니라고 생각한다. 사람을 대할 때는 되도록 목에 힘을 빼고, 꽉 다문 입술은 풀고, 힘이 들어간 어깨는 조금 부드럽게 하는 게 좋다. 볼에는 환한 미소를 짓고, 눈은 상대에게 호감을 말할 수 있어야 한다.

특히 수평적인 관계를 추구하는 중국의 문화 내에서는 더더욱 핑이진런(平易近人) 할 수 있는 사람이 환영받는다는 것을 기억해야 한다. 중국인들은 핑이진런한 사람을 인격적으로 높게 존중한다.

chapter 5

맛있는 중국어

중국어 만나기

처음 중국어를 공부하기 시작한 것은 92년으로 기억된다. 그때는 지금처럼 중국어를 배우려는 사람이 많지 않았다. 나는 대학에서 전공한 사람들을 제외하고는 남들보다 훨씬 일찍 중국어를 배우기 시작한 셈이었다. 한중수교가 이루어지던 92년 이전부터 수출과에서 중국 시장을 담당하고 있었던 터라 중국어의 필요성을 일찌감치 느낄 수 있었다.

나는 독학을 시작했다. 중국어 전공인 아내의 도움으로 기초 발음 성조를 익히고, 약 2년 정도 중국어 입문 교재로 공부를 했다. 그러던 중 앞서 말했듯 회사 내 중국 어학연수 프로그램에 발탁되어 현지에 가서 공부를 할 기회가 생겼다.

중국어 공부

중국은 9월 가을 학기가 1학기이고, 해가 바뀌어 춘절 이후에 시작하는 봄부터 2학기이다. 그해 가을, 2학년 1학기에서 중급 중국어의 상, 하권 중 상권 부분을 배운 후 겨울 방학을 맞이하게 되었다. 방학을 시작하는 날, 나는 서점으로 가서 3학년, 4학년에서 공부하는 고급 중국어 책들을 모두 샀다. 그리고 겨울 방학 동안 고급 중국어 교재를 모두 독파하는 계획을 세우고, 아침 8시부터 시작해서 밤 12시 넘는 시간까지 공부를 했다. 허리가 마비되어 잠을 잘 수 없는 지경이 될 정도로 오직 공부에 전념하던 시절이었다.

고급 과정 교재에는 사자성어, 격언, 속담 등의 중국어 표현들이 많았다. 중급 교재와는 차원이 다른 수준 높은 단계로 들어가는 재미가 쏠쏠했다. 멋지거나 기억해 두어야 할 좋은 중국어 표현이 나오면, 포스트잇을 꺼내어 적은 후에 책상 위 벽에 붙여 놓았었다. 그 해 한 달 정도이었던 겨울 방학이 끝나 갈 무렵, 수많은 노란 딱지들이 벽을 수놓았다. 온통 노란색의 벽을 바라보던 마음이 행복해 졌다.

중국어를 공부한다는 것은 쉽지 않은 고통을 요구하는 것 같다. 어느 정도 시간이 흐르면 중국 사람들과 대화가 통하는 기쁨을 느끼게 되는데, 그러다가 또 한동안 더 이상 실력이 늘지 않는 답답한 상태에 빠져서 괴로워지기도 한다. 영어나 일어 등 다른 외국어 공부도 마찬가지이지만 중국어 공부는 마치 계단을 오르는 과정인 것 같다. 중국어를 구사하는 실력은 오른쪽 위쪽으로 올라가는 직선의 모습으로 매일 꾸준하게 성장하는 것이 아니고, 답답할 정도로 실력이 늘지 않는 정체기 과정을 반복하게 된다.

답답하게 한 단계씩

그런 정체기를 견디다 보면 어느 순간 본인의 중국어 실력이 한 단계 점프한 것을 느끼게 된다. 어학을 배울 때 느끼게 되는 가장 큰 희열은 바로 그런 순간일 것이다. 그렇지만 한 번 점프하고 나면 다시 한동안 답보 상태가 유지된다. 실력이 늘고 있는지를 도통 느낄 수가 없어 공부하는 입장에서는 무척이나 괴롭다. 그런 패턴의 반복은 앞서 말했듯 계단처럼 한 단계, 한 단계 천천히 업그레이드 된다.

다시 말해 실력 향상 그래프가 있다면 어학은 계단식 그래프를 그리면서 상승한다는 것이다. 이 계단식 패턴에서 필요한 태도는 겸손이다. 절대로 본인의 실력에 대해 자만해서는 안 된다. 언제나 부족하다고 느끼고, 더 배우는데 목말라야 하고, 촉각을 곤두세우고 계속해서 새로운 어휘와 표현을 습득해야만 한다.

일단은 기본부터 찬찬히 다져야 한다. 일, 이, 삼, 사성을 가진 중국어의 성조를 제대로 배우고, 제대로 발음하려고 노력해야 한다. 적당히 비슷하게 발음하고, 자주 만나는 중국 사람들이 알아듣는 것 같아서 그 정도 수준에서 만족하면 안 된다. 어느 운동을 배우던 처음부터 기본자세를 제대로 배워야 높은 수준으로 실력을 키워 나갈 수 있듯이, 중국어 발음은 특히 성조가 달라지면 듣는 사람들이 다른 단어로 듣게 되어 뜻이 달라지는 것이기 때문에 발음에 유의해야 한다. 중국인들에게 우리는 외국인이기 때문에 설령 잘못된 성조로 발음하더라도 그들은 굳이 정정해 주지 않는다.

따라서 제대로 발음을 할 수 있도록 늘 스스로 경계하며 지속적으로 꾸준히 노력을 해야 한다. 지금까지 중국에서 일을 하고 생활을 하고 있는 나 역시 여전히 발음 하나하나를 정확히 하려고 노력하고 있다.

공자님 말씀

공자는 "知之爲知之, 不知爲不知, 是知也(쯔쯔웨이쯔쯔, 부쯔웨이부쯔, 쓰쯔에)."라고 했다. 아는 것을 안다고 하고, 모르는 것을 모른다고 해야 제대로 아는 것이라는 뜻이다.

어느 정도 수준 높은 중국어를 구사하는 사람인 경우에도 중국인들이 대화하는 과정에서 고사성어를 이야기하거나 속담이나 격언을 사용하거나, 중국의 당송 시대의 시를 인용하거나, 혹은 중국의 과거 문인이나 정치가, 혹은 위인의 말을 인용하는 경우에 문맥상 짐작은 가지만 어떤 뜻인지 모르는 경우를 흔히 접하게 될 것이다.

이때는 반드시 물어보아야 한다. 그냥 아는 것처럼 고개를 끄덕끄덕하고 지나가다 보면, 중국에서 아무리 오래 거주를 했다 하더라도 고급 중국어를 익히기가 어렵다.

중국인과 비즈니스를 하는 만남에서 그들이 말하는 멋진 표현들을 알아듣고, 또한 그들에게 멋진 표현으로 중국어를 할 수 있다면, 훨씬 그들과 빨리 가까워지고 신뢰를 받게 되며 그들에게 좋은 인상을 줄 수 있다. 중국인들은 중국 문화, 중국의 역사, 중국의 사상, 중국어에 대한 자부심이 아주 강하다. 그들은 외국인인 우리가 그들의 문화를 좋아하고 그래서 중국어를 열심히 배운다는 것에 기뻐한다. 그래서 외국인이 그들이 자주 사용하는 사자성어나 중국 고사, 당송 시대의 시 구절, 속담 등을 이야기하면 매우 높게 평가하는 편이다.

맛있는 중국어 표현

풍류가 느껴지는 중국어를 사용하는 법을 익힌다는 것은 어떤 상황이든지 분위기에 딱 어울리면서 분위기를 띄울 수 있는 중국어 표현들을 배운다는 것을 의미한다. 그런 표현들은 책이나 드라마, 영화, 또는 실전에서 중국인들과의 대화를 통해 세심하게 관찰하면서 배워 나갈 수 있다. 한 번 배운 표현, 한 번 들어본 표현은 자주 반복 연습 사용하도록 하여 익혀 두면 앞으로 다양한 상황에서 자연스럽게 적절한 중국어 표현을 해낼 수 있다.

중국 사람들과 저녁 식사를 같이 할 때, 그들은 반주를 많이 권할 것이다. 기왕에 마시는 술이라면 적극적으로 좋은 인상을 주는 자리로 만드는 게 중요할 것이다. 이런 상황에서 쓰면 좋은 말 몇 문장을 추천한다.

1. "酒逢知己, 千杯少(지우펑쯔지 첸뻬이샤오)."

이 문장은 '술자리에서 나를 알아주는 친구(지기)를 만나니 천 잔의 술을 마신다 해도 부족하다'라는 뜻이다. 그러면 상대는"话不投机, 半句多(화부토우찌 빤쥐뚜오)."라 말할 확률이 높다. 이는 "서로 말이 통하지 않으면 반 마디의 말도 많은 것 같다."라는 뜻이다. 서로 한 구절씩 주고받으며 기분을 좋게 해주고, 술자리 분위기를 돋아 주는 말로 쓰기 적합하다.

2. 이런 말도 있다. 먼저 술 건배를 제안하면서 중국 친구에게 "感情深, 一口闷(간칭션 이코우먼)."이라고 해보라. 그러면 상대방

은 앞뒤로 연결되는 후반부의 말, "感情浅 舔一舔(간칭치엔 티엔이 티엔)."이라고 이야기를 할 것이다. 이 말은 "우리 서로 이리 감정이 깊으니, 즉 서로 친하니 한 모금 조금 마시는 것은 답답하다. 잔을 비우자."라는 뜻이다. 상대방 중국인은 이 말을 받아서 "그래 네 말이 맞다. 서로 친하지 않으면 조금씩 마시는 것이지, 잔을 비우자."라면서 다 마실 것이다.

3. 중국 사람에게 접대하는 경우, 상대방이 편하게 술을 마시도록 권유하려면 이런 표현도 가능하다.

"今朝有酒今朝醉, 明日愁来明日当(진짜오요우지우진짜오쭈이, 밍르초우라이밍르땅)."

앞의 구절만 이야기하면 저녁 자리를 같이 하는 누군가가 뒤의 말을 받아서 말할 것이다. 이 말은 "오늘 술이 있으니 오늘 마시고 취하세, 내일 고민이 생기면 내일 고민하세."라는 뜻이다. 그 외에도 삼국지에 나오는 조조가 술을 마시면서 지어 읊었다는 시를 말하면서 술을 건배하자고 제안 해볼 수도 있다. (이문열의 삼국지 1권 57페이지 참고)

对酒当歌(술잔은 노래로 마주해야 하리)

人生几何(우리 인생이란 길어야 얼마나 되나)

중략

何以解忧(어떻게 이 우울함을 달래나)

唯有杜康(오직 술이 있을 뿐이로다)

4. 또 다른 예를 들어보도록 보자. 내 친구가 장강(양쯔강) 근처의 도시인 장쑤성 전장시에 가 있다. 나는 그 친구에게 "장강의 기운을 많이 받으라."라고 메시지를 보냈다. 즐거운 분위기나 상황에서 후배를 칭찬할 때나 부하 직원을 칭찬할 때 이런 말을 할 수가 있다.

"长江后浪推前浪(창쟝호우랑, 투이첸랑)." 장강의 뒷물결이 앞물결을 밀어낸다는 뜻이다. 이 표현은 후배들이 선배를 앞서고, 젊은 세대가 앞선 세대보다 더 잘한다는 이야기다.

이 말을 들은 사람은 아마 바로 이런 말을 할 것이다.

"前浪死在沙滩上(첸랑스짜이샤탄샹)."

앞 물결은 모래사장에서 죽어 간다는 말이다. 이렇게 농담으로 말을 받아 주면서 서로 재미있게 웃어 보는 것이다.

나는 회사의 부장들에게 그들이 팀원들과 함께 일하면서 어떻게 리더십을 발휘할 것인지 자주 이야기를 하는 기회를 갖는데, 한 번은 "水涨船高(쉐이장추촨까오)."라는 말을 사용해본 적이 있다. "물의 높이, 즉 수위가 올라가면 물 위의 배 역시 올라간다."라는 뜻이다. 이 말을 하면서 "부하들을 육성하고 성장시켜라, 그럼 리더인 너는 부하들에 의해서 더 성장을 할 것이다."라고 했다.

누군가 우리에게 전화를 걸거나 혹은 오랜만에 만나게 될 때, 상대는 우리에게 "정말 오랜만입니다. 왜, 자주 연락을 안 해요?"라고 말을 할 수도 있다.

그때 이렇게 이야기해볼 수 있다.

"人在江湖身不由己(런짜이쟝후션부요우지)."

"사람이 강호에 있으니 몸이 내 맘대로 안 되네요." 라는 말이다. 어떤가? 멋진 대답이 아닌가? 강호란 세상이라는 뜻인데 사는 것이 바빠서 내 맘대로 안 된다. 이런 식으로 대답을 해보는 것이다.

중국어 학습 교재가 아니기 때문에 더 많은 상황을 소개할 수는 없지만, 다양한 상황에서 자리를 함께하는 각양각색의 중국 사람들의 수준과 그때의 분위기에 잘 어울릴 수 있는 풍류가 있는 표현들을 미리 배워 두었다가 시의 적절하게 사용한다면 재미있을 것이라는 점을 말씀드리고 싶다.

그 외에도, 공자 왈, 맹자 왈, 노자 왈, 손자 왈, 또는 마오쩌둥이 이야기한 멋진 말로 분위기를 잡아 볼 수도 있다. 중국어와 중국 문학을 전공했거나 연구하는 분들, 그리고 내 경우처럼 중국에서 오랫동안 생활을 한 한국 분들은 앞에서 언급한 중국어 표현들을 익숙하게 잘 알고 있을 것이다. 당연히 중국의 동포들도 잘 아는 표현들이다.

다만 나처럼 대학에서 중국어를 전공으로 배우지 않았지만 중국 비즈니스를 하고 있는 분이거나 중국과 교류가 많은 분들은 풍류가 있는 중국어를 더 많이 배우고 적극 활용을 한다면 그 맛이 아주 좋을 것이다. 중국어가 맛있는 이유는 그 안에 풍류가 있기도 하고, 인생의 철학이 들어 있기도 해서 중국어를 배우면서 인생을 배울 수 있기 때문이기도 하다.

글로벌 싸이, 상하이의 싸이

감성지능(E.Q)을 넘어 예술지능(A.Q)으로

오늘 나에겐 꿈이 있습니다

천시, 지리, 인화

한중일 디자인 삼국지

4부

꿈이 있어야
내일이 아름다워진다

글로벌 싸이,
상하이의 싸이

chapter **1**

세계적 가수 싸이

서울에는 대한민국의 브랜드 가치를 글로벌 무대로 확장시키고 있는 가수 싸이가 있다. 그는 '강남 스타일'이란 곡 하나로 전 세계에서 가장 유명한 곡 리스트 반열에 올라섰고, 그 역시도 전 세계가 주목하는 슈퍼스타로 거듭났다. 그의 본명은 박재상이다. 공교롭게도 나의 이름과 두 음절이 똑같고, 영문 이니셜은 같은 철자를 쓴다(PSY). 이름도 비슷한 그를 만났던 일이 있었다.

2013년, 박지성 선수가 상하이에서 자선 축구 경기를 열었다. 전반전이 끝나고 하프타임에 싸이의 공연이 준비되어 있었다. 나는 지인의 초대로 이 경기를 관람하게 되었는데, 그곳에서 싸이를 볼 수 있었다.

나를 초대해준 지인은 반도체 공장 등을 대상으로 클린룸의 엔지

니어링 사업을 하는 기업 '비비테크'의 성 회장이었다. 성 회장이 박지성 선수의 아버지와 아는 사이신지라 그분들과 함께 귀빈룸에서 관람을 할 수 있었다. 싸이의 대기실은 우리가 있던 곳 바로 옆방이었기에 나는 우연히 그를 복도에서 마주쳤다. 그는 공연을 마치고 댄서 팀들과 함께 방으로 돌아오는 길이었다. 나는 순간적으로 아주 반갑게 인사를 건넸고, 그 역시 친절하게 받아주었다. 나는 쑥스러움을 무릅쓰고 그에게 사진을 함께 찍어줄 수 있겠느냐고 요청했다. 그는 흔쾌히 사진을 찍어주었다.

나는 그와의 우연한 만남이었던 그날의 사진을 종종 강연에서도 활용하곤 한다. 프레젠테이션 첫 화면에 싸이와 함께 찍은 사진을 띄워 놓고서, 싸이라는 어휘로부터 스피치를 시작한다.

"여러분, 싸이는 영어의 PSYCHOLOGY(심리학) PSYCHE (심리), PSYCHOPATH(이상 심리 소유자) 의 영어 앞부분에서 따 왔을 것 같아요. 한국 사람들은 약간 남다른 사람들을 싸이코라고 부르기도 하지요. 싸이코라고 할 때 우리는 그가 정신 이상이나 심리적 장애를 가진 사람들로 지칭하는 경우가 대부분이긴 합니다만, 일상적인 친구들이나 허물없는 지인들 관계에서 가끔 누구를 가리키면서 누가 싸이코야 하고 이야기하곤 합니다. 그리고 우리들은 싸이코에 해당하는 말로 누군가를 또라이라고 지칭하기도 합니다.

제가 말씀을 드리는 싸이코는 뭔가 남과 다른 사람을 가리키는 것이지요. 긍정적인 의미에서 남과 다른 사람, 제가 역설적으로 유머러스하게 싸이코라는 표현을 해보는 것입니다.

가수 싸이가 유럽, 미주, 동남아, 중국까지 전 세계적으로 인기가 있는 대단히 성공한 가수가 된 비결은 무엇일까요? 수많은 한국 가수가 있고, 최근 몇 년 사이에 K팝 가수들이 글로벌 시장에 진출했지만 짧은 시간에 전 세계적으로 성공한 가수는 싸이입니다. 왜 그가 그렇게 성공을 했을까요? 그가 남과 다르기 때문일 것입니다. 그가 자기는 남과 다르다는 것을 강조하려고 일부러 싸이라는 이름을 선택했는지는 가수 싸이에게 물어보아야 알 수 있겠지요."

남과 달라야 한다

싸이를 보자니 "与众不同(여중부동, 위쫑부통: 남다르다. 다수와 다르다)."라는 뜻의 사자성어가 자연스레 떠오른다. 남들과는 다른, 본인만의 특화된 무기로 세계 시장에 뛰어든 그의 싸이코(!) 스피릿은 나 역시도 늘 다짐하는 부분이기도 하다. 남들과 다른, 보다 뛰어난 장점을 만들어내는 것.

말콤 글래드웰은 저서《아웃라이어》에서 1만 시간의 법칙을 이야기하고 있다. 매일 3시간씩 10년을 지속하면 1만 시간에 도달하는데, 저자는 남들과는 다른 탁월한 프로의 수준에 이르는 기간을 1

만 시간 정도라고 말한다. 그처럼 오랜 시간 동안 꾸준하게 노력을 해야 한다는 점이다.

각 분야의 선봉장이나 명사들을 보면 1만 시간의 법칙이 입증됨을 알 수 있다. 세계적으로도 유명한 스포츠 선수들을 보자. 피겨 스케이팅으로 올림픽 금메달을 거머쥔 김연아 선수나 올림픽에서 금메달을 획득한 수영의 박태환 선수를 보면 알 수 있듯이 서양인들에 비해 신체적으로 타고나지 못한 부분을 실력으로 이겨낸 케이스다. 게다가 피겨스케이팅이나 수영과 같은 분야는 거의 황무지 다름없을 정도로 열악한 국내 환경을 극복하고 세계 챔피언이 됐지 않는가. 이는 분명 선수 본인의 생을 전부 걸었을 때 가능한 이야기다.

나는 늘 나 자신에게 반복적으로 "여중불동(与众不同)"을 되뇌곤 한다. 기업을 하는 것도 마찬가지이다. 애플의 스티브 잡스가 애플을 경영할 당시 그는 늘 "Make Different!"를 강조했다고 한다.

다르게 하자! 기존에 하던 방식과 다르게 하고 남들과 다르게 하자는 것이다. 남들이 이미 했던 것은 답습에 불과할 뿐, 전혀 새롭지 않다. 지금은 누구나 쓰는 스마트폰은 애플의 아이폰으로부터 시작됐다. 물론 타 회사들도 기반 기술을 이미 갖추고 있었다고 한다. 그러나 남들과 다른 걸 만들겠다는 신념의 스티브 잡스는 아이폰을 출시, 애플이란 회사의 역량을 세계에 보여주며 크게 성장할 수 있었다.

오늘날 기업들은 지속적인 생존과 성장을 이루기 위해서 변신에 변신을 거듭하며 노력하고 있다. 창의적인 기업이 되기 위해서 기업 문화, 생각하는 방식, 일하는 방식, 시장을 바라보는 방식, 제품을 개발하는 방식, 고객과 소통하는 방식 등 모든 것을 바꾸기 위해서 노력해야만 한다.

"与众不同的努力, 成就伟大的成功(위쫑부퉁더누리, 청찌우웨이 따더청꽁)."

남들과 다르게 노력을 하여 위대한 성공을 이루자는 내용이다. '적당한' 노력은 '적당한' 수준의 결과를 가져온다. 남들과 비슷한 정도의 노력만으로는 남들과 다른 수준, 일반적인 수준을 뛰어넘는 위대한 결과를 만들어 낼 수 없다.

상하이 한인촌

내가 살고 있는 상하이에는 한국인들이 주로 모여 사는 구베이, 홍첸루 등의 여러 한인 집중 거주 지역이 있다. 특히 홍첸루를 중심으로 진휘루, 홍신루, 허촨루 등으로 한인 타운의 면적이 갈수록 커지고 있으며 이 지역에 모여드는 한국인, 중국인, 외국인들이 갈수록 늘어나고 있다.

이 거리에는 한국 식당, 한국 슈퍼, 한국 사람을 위한 호텔, 한국식 불가마 사우나, 한국식 분식점, 빵집 등이 많이 모여 있는데, 이 가운데서도 커피숍들을 살펴보면 재미있다.

중국의 경제가 발전하면서 중국인들의 소득수준이 크게 올라가고 있는데, 특히 상하이의 경우 이제 상하이 사람들의 소비 수준은 한국 사람들 이상이 되어 가고 있을 정도이다.

이곳 한인타운 홍첸루와 진휘루 사거리에 1년여 전에 한국식의 커피숍이 들어섰다. 물론 상하이에는 이미 수년 전부터 스타벅스나 커피빈 등의 브랜드 점포가 많이 있었지만, 한국인이 디자인한 '만'(Mann Coffee)이라는 커피숍이 오픈했다. 그런데 이 커피숍이 아주 짧은 시간 안에 대박을 터트리게 된 것이다. 입 소문을 타고, 스마트폰의 SNS의 소문을 타고 수많은 사람들이 모여들기 시작했다. 나도 호기심이 있어서 몇 번 가보았는데, 3층까지 있는 점포가 밤 10시가 되어도 입구 주문 카운터에는 사람들이 줄을 서 있다.

왜 그렇게 단번에 성공했을까? 뭔가 다르게 하기 때문이다. 이곳에서는 커피 등을 주문하면 기다리는 동안 '인형'을 준다. 인형들의 색상은 각기 다르다. 커피빈이나 카페베네에서 사용하는 진동을 하는 도구를 주지 않고, 손님이 귀여운 인형을 가지고 있으면 점포의 종업원이 주문한 커피 등을 가져다준다.

매장에 손님들이 무척 많은데 정확하게 손님을 찾아서 테이블까지 주문한 것을 가져다주는 것이 참 신기할 정도이다. 아주 사소하

지만 이는 분명 다른 커피숍들과는 다른 즐거움을 선사한다. 성공
이란 이렇게 남과 달라야 이루어지는 것이다. Make Different 해야
남들과 구별되는 차별화를 이룰 수 있고, 나만의 경쟁 우위를 확보
할 수 있다.

남과 다르게 노력하자

창업을 하던 당시 2008년은 미국발 서브 프라임 모기지 사태가
빚은 세계 금융 위기가 시작된 해이다. 죽기 아니면 살기, 죽느냐 사
느냐의 비장한 각오로 무역을 할 아이템을 물론, 바이어와 공급 업
체도 찾고 해외와 중국의 무역 파트너도 찾는 것이 급선무 과제였
다.

20년 동안 재직한 회사에 약간 도움을 청할 수는 있었지만, 임원
직급으로 퇴사를 했으니 괜히 후배들에게 아쉬운 소리를 하며 부
탁하기는 좀처럼 쉬운 일이 아니었다. 그럴 만한 성격도 아닌데다가
자존감을 무너트리면서까지 도움을 청하긴 싫었다. 만일 부탁을 한
다 하더라도 당장 취급 품목이나 바이어도 정해지지 않은 상태에서
찾아가기도 애매한 상황이었다.

결국 나는 누구의 손도 빌리지 않고 오롯이 처음부터 혼자 준비
하기 시작했다. 20년 동안 다니던 회사가 있었고, 심지어 임원 직급
까지 올랐었기에 창업을 한다 하더라도 시작점이 다르리라, 혹자는

생각할 수 있다. 그렇지만 노하우, 그것 하나만을 믿고 홀로 밀어붙이기로 결정을 내렸다. 내가 가진 어드밴티지라곤 박상윤이란 사람, 그 자체였다. 나란 사람이 지금껏 쌓아 왔던 경험과 실력만으로도 나는 충분하다고 생각되었기 때문이다.

대기업 임원직에서 사표를 내고 창업을 시작했다고 하면 모두가 놀란다. 잘 되지 않았더라면 위험부담이 너무나 큰 일이었다는 걸 나도 잘 알고 있다. 그러나 위험하다고 해서 실행하지 않는 것은 인생에서 더 위험한 일일지도 모른다. 위험부담이 크기 때문에 더 열심히 노력했고, '적당한' 선을 뛰어넘어 죽을힘을 다해 회사를 키우려고 애썼다. 그 결과, 5년 만에 작지만 강한 종합상사로서 튼튼한 기반을 구축할 수 있었고, 거래 규모를 몇 백 억 원 수준으로 올렸다는 것은 나로서도 조금 남다른 성과라 자신할 수 있다.

가수 싸이가 영국의 옥스퍼드 대학에서 강의를 하고, 하버드 대학에서 강의를 하였다는 뉴스를 본 기억이 난다. 사실 내가 미래에 이루고 싶은 꿈 중의 하나는 미국의 하버드 혹은 스탠퍼드의 강단에서 학생들에게 특강을 하는 것이다. 한국인으로서 중국에서 창업하여 어떻게 중국에서 존경 받는 위대한 기업을 이루어 낼 수 있었는가에 대해서 특강을 요청받고 영어로 학생들에게 감동을 주는 특강을 하는 모습을 지금도 상상하고 있다. 갈수록 이런 이미지의 모습이 구체화되리라 믿는다.

chapter ❷

감성지능(E.Q)을 넘어
예술지능(A.Q)으로

예술이야!

최근에 읽은 세스 고딘의 《이카루스 이야기》와 크라운 해태제과 윤영달 회장의 저서인 《예술지능》, 이 두 권의 책 내용은 예술가뿐만 아니라 일반적인 회사를 다니는 사람들도 본인 스스로 예술가적 마인드로 살아가는 것에 대해 이야기한다.

예술의 영역에는 음악, 회화, 조소, 건축, 영화, 무용, 문학 등이 있는데, 흔히 '예술'이라 함은 그 특수한 영역 범위 안에서, 또한 그 업종과 관련된 사람들의 성역으로 국한되는 경우가 많다. 그러나 우리는 일상적인 대화에서 종종 '예술'이라는 단어를 많이 사용하기도 한다.

일테면 맛있는 음식을 먹거나, 향이 좋은 커피를 마실 때, 우리는 "예술인데!" 하며 반응한다. 또한 혁신적인 디자인이나 성능이 좋은 제품을 마주할 때에도 우리는 예술적으로 훌륭하다고 표현하기도 한다.

이는 실생활에서도 우리가 목격하고, 발견하며, 마주하는 모든 것들에서 '예술적인' 무언가를 포착, 그러한 감정을 느끼기 때문이다. 단순히 음악가, 미술가, 무용가 등 특수한 분야에 종사하는 사람들의 표현 행위와 결과만을 지칭하기 보다는, 어떤 경외감, 훌륭함 등을 '예술적'이라고 형용한다는 것이다.

멋진 것, 남이 생각하지 못한 것, 마음을 따뜻하게 해주는 것, 영감을 주는 것, 아름다운 것, 이 모든 것들을 우리는 예술적이라고 느낄 수 있고, '예술'이라고 명명할 수 있다.

시대마다 다른 성공 요인

과거 산업 발전 시대에는 지능지수(I.Q)를 강조해왔다. 지식을 학습하고 응용하는 능력, 즉 지적인 능력이 성공을 이끄는 핵심적인 열쇠였다. 그런 연유로 학교에서는 지식 획득 위주의 교육을 강조했다. 산업 자본에 알맞은 인력을 충당하기 위해서는 그러한 교육 시스템이 필요했던 것이다.

뒤이어 어느 정도 발전이 이룩되고, 3차 서비스 산업 시대가 오자, 감성지능(E.Q)이라는 용어가 지능지수를 대체하기 시작했다. 미국의 심리학자인 대니얼 골드만의 저서 《감성지수(Emotion Intelligence)》라는 책이 출판되고 전 세계는 감성지능에 열광했다. 지능, 지식, 기술보다는 조직 내에의 인간관계, 소통과 공감 능력이 성공의 주요 요인이라는 것이다. 지식과 기술의 데이터베이스 역할을 기계가 해주기 때문에, 단순한 지적 능력보다는 인간이 할 수 있는 유기적인 역할(소통, 공감, 화합)이 더 중요해졌다.

　이는 사업체를 경영하면서도 가장 중요한 필요조건 중 하나이다. 일전에 말했듯 사람을 위해 존재하는 것이 사업의 기본 토대이므로, 그 어떤 것보다 중요한 것은 타인과의 교감이다. 뿐만 아니라 사업체를 존속시키려면 조직 내에서의 화합도 매우 필요하다. 경영은 결국 사람의 마음을 움직이는 일을 하는 것일 터.

　감성지수는 사실 너무나 당연한 사업적 요인이기에 이제는 특별한 성공비법이라 말할 수는 없다. 게다가 감성지수만 갖고서는 개인도, 기업도 성공하기에는 미미하다. 지적인 능력과 더불어 타인과의 교감은 어떻게 보면 성공하려는 모든 자들이 갖춰야 할 '기본적인' 덕목에 불과할 수 있다. 남들과 다른 뭔가를 발견해내고, 기획해내려면 무엇이 필요할까.

　여기서 꺼내들 수 있는 카드가 바로 '예술적 감수성'이다. 다양한 장르의 예술들을 접하게 되면 자신만의 감수성, 취향의 저변이 넓어진다. 어린 아이들에게 공연과 연극, 미술관과 책을 읽히는 이유도 바로 이것이다. 사물을 바라보는 본인만의 특수한 시야를 갖게 하는 것. 이는 비단 아이들뿐만 아니라, 우리에게도 필요하다.

예술적 감수성을 높여온 조직은 사물을 대하는 시각 자체가 남들과는 다르다. 객관적인 수치나 기준이 아닌, '다름'이 더 중요한 시대가 온 것이다. 남들이 생각하지 못한 아이템을 만들어내는 사람은 이 '다름'이 훈련돼 있는 사람이다.

Be Artist!

크라운 해태제과의 윤영달 회장은 본인의 저서인 《예술지능》에서 예술의 다섯 가지 구성 요소를 강조하고 있다. 초월, 미학, 유희, 몰입, 소통, 이 요소들이 갖추어져야 예술의 경지에 이를 수 있다고 한다. 그는 할리데이비슨의 오토바이를 예로 들어 설명한다. 일본 혼다, 스쯔끼 등의 오토바이의 매출상승 때문에 한없이 추락해가던 할리데이비슨은 경영자가 바뀌면서 대대적인 변화 정책을 추구했다.

과거 히피족들이나 주로 타면서 소동을 일으켜대는 불안의 상징으로 취급 받아온 할리데이비슨의 사회적 인식을 바꾸기 위해, CEO는 기업의 최고 경영자부터 임직원에 이르기까지 할리데이비슨을 직접 소유하고, 동호회 커뮤니티를 운영하기 시작했다. 그들은 파티 형식으로 모임을 가지며 사용자들 간의 소통을 자주 만들었다. 이는 '할리족'이라는 단어까지 파생시킬 정도로 파급력이 대단했으며, 할리데이비슨을 소유한 자들만의 자부심도 증강시켰다.

편의적인 디자인과 구조의 일본 오토바이들이 기승일 때, 그것을 좇지 않고 할리데이비슨만이 갖고 있는 미학적 완고함, 사용자들이 제품을 타며 느끼게 되는 희소성에 포커스를 맞춘 CEO의 계획은 성공적이었다. 아무나 다 탈 수 있는 오토바이가 아닌, 아무나 타기 힘든 오토바이라는 인식은 사용자들을 흥분시켰다. 할리데이비슨을 타고 너른 도로와 들판, 바닷가를 달리다 보면 세상 누구 하나 부러울 것 없는 기쁨, 즉 유희를 느끼게 되고, 자신에게 몰입하게 되는 충족감을 갖게 되는 것이다.

단순한 상품적 가치를 넘어 하나의 문화로 자리매김한 글로벌 브랜드는 할리데이비슨뿐만 아니라, 애플, 디즈니랜드, 구글, 레고 등 다양하다. 이러한 글로벌 브랜드들은 자신들의 상품을 통해 또 다른 문화를 창조하고, 소비자를 끊임없이 유혹한다. 이러한 기저에는 예술지능(A.Q)이 주요한 역할을 하고 있다.

이렇듯 개인의 예술지능은 비단 무용가나 음악가, 작가가 아니어도 일상 어디에서나 필요하다. 한정식집이나 옷가게, 심지어 아주 작은 꽃집을 경영하는 사람들에게도 '예술'은 닿아있는 것이다. 남들과는 다른 식견은 예술가적 태도에서 기인한다. 예술가적인 태도를 지녀야만 성공할 수 있다.

chapter 3

오늘 나에겐
꿈이 있습니다

나에게는 꿈이 있는가?

아프리카 혈통 미국인들의 인권 운동을 위해 삶을 바친 마틴 루터킹 목사는 워싱턴 광장에 모인 수많은 관중 앞에서 꿈을 이야기했다. 그의 시그니처 프레이즈이기도 한 "I have a dream."

물론 목사의 꿈은 개인적인 소망이기보다는 대의적 염원이었지만, 위 문장은 매일을 살고 있는 우리를 되돌아보게 하고, 의지를 다지게 한다.

"당신의 꿈은 무엇인가?"

누군가 갑작스럽게 다가와 이런 질문을 한다면 꽤나 당혹스러울 것이다. 생활에 치여 고된 삶을 살다 보면 어느 순간 꿈이 뭐였는지도, 꿈이 있었는지도 헷갈리게 된다. 어른이 되고부터는 늘 오늘은 어제처럼, 내일은 오늘처럼 꿈이란 막연한 단어는 지우고 습관처럼 삶을 보내고 있는 것이다.

물론 원래부터 꿈에 대해 깊게 생각하지 않은 사람도 있고, 꿈이 있었으나 포기한 채로 사는 사람도 있을 것이다. 꿈 없이, 혹은 꿈을 잃고 살아가는 것은 매우 허망한 일이 아닐 수 없다. 꿈이 없이 산다는 것은 인생의 방향이 없는 것과도 같다. 성공하고 싶고, 행복해지고도 싶지만, 꿈은 상정하지 않는 삶. 그렇다면 성공과 행복은 무엇으로 이룰 수 있을까?

상하이에서 살면서 다양한 사람들을 많이 만나게 된다. 직원들은 물론, 한국인이 아닌 중국인들도 만나고, 나보다 나이가 많은 분들, 혹은 나보다 어린 젊은 친구들도 자주 만난다. 특히나 강연을 통해 젊은 친구들을 만나게 되는 경우가 많은데, 마주하게 될 때마다 나는 그들의 눈을 눈여겨본다. 꿈이 있는 청년들의 눈은 누구보다 빛나고 맑으며 힘이 느껴진다. 그런 친구들은 대화를 나눌 때에도 상대방에게 좋은 에너지를 전달한다. 그러나 초점이 흐릿한 사람들이 있다. 그런 사람들은 십중팔구 꿈이 없는 사람, 혹은 꿈을 잃어버린 사람이다.

꿈도 진화한다

대부분의 사람들은 어린 시절, 한 번쯤 응당 이 질문을 받았을 것이다.

"커서 무엇이 되고 싶니?"

심지어 학년마다 장래 희망을 적어 제출한 경험도 분명 있을 것이다. 어린이였던 우리는 모두 어떤 꿈들을 이야기했을 것이다. 우주인이나 캡틴 마도로스와 같은 어른이 되어서는 상상하기 힘든 직업군들을 여과 없이 쏟아 내던 때가 우리에게도 존재했다.

대부분 어린 시절의 꿈을 실현하지 못하고 사는 경우가 많다. 하늘을 날고 배를 타는 등 현실과는 거리가 멀었던 꿈은 어느덧 현실에 가까운 꿈으로 변화한다. 원하는 대학에 입학하고, 좋은 회사에 취직하는 것이 꿈인 양 그 외의 다른 삶의 방식은 점점 더 멀리한다.

취직을 했거나 일자리를 구하게 되어 당당한 사회인이 되면 꿈은 또다시 바뀌게 된다. 직장에서 인정을 받아 승진하는 것, 집을 사는 것, 자동차를 사는 것, 사랑하는 연인과 결혼하는 것, 사회적으로 인정받는 것 등 현실적으로 더 나은 상황에 대한 갈망이 꿈으로 전락되었다.

내 경우에도 별반 다르지 않았다. 그나마 사춘기에는 막연한 꿈이 있었다. 대학에 가면 문학을 전공해서 글을 쓰고 싶었다. 하지만 아버지의 반강제적인 권유로 인해 무역학을 전공했다. 물론 지금 돌이켜보면 현실적인 선택을 할 수 있도록 이끌어 주신 아버지께 감사드리지만, 예민한 사춘기 시절엔 꿈을 저버리는 것만 같아 속상했다. 학교에 입학하고 난 후 군에 입대하기 전까지 전공을 잘못 선택했다는 후회와 절망으로 세월을 보냈다. 결국 나는 도피하듯이 군대에 입대하였다.

제대한 후에는 먹고 살 궁리를 하기 바빴다. 군에 있는 동안 세상을 조금 더 현실적으로 바라보게 된 것일까. 나 역시도 요즘 젊은이들과 마찬가지로 취업에 걱정이 많았다. 한시라도 빨리 취직을 해 부모님께도 든든한 자식이고 싶었다. 그 열망으로 나는 열심히 노력해 대기업에 입사하게 되었다.

그 시절, 나의 꿈은 무엇이었을까. 꿈이 없었던 거나 마찬가지 아닐까. 좋은 곳에 취직했다는 만족감, 양복 깃에 대기업 배지를 달고 서울의 높은 빌딩으로 회사를 다니게 됐다는 기쁨에 도취되어 있었다. 막연하게나마 승진이나 집을 사는 것이 목표라면 목표였지, 꿈은 아니었다.

월급으로 방세를 내고, 대부분은 어머님의 빚을 탕감한 탓에 결혼을 한다 해도 신혼집을 마련할 자금이 부족했다. 1년을 넘게 열심히 다녔는데 내게 남은 건 반 지하 방 한 칸. 너무 습해 곰팡이들이 잔뜩 낀 벽지가 까맸다. 그곳이 신혼 방이 되었고, 그곳에서 아들을 키울 수밖에 없었다.

또 다른 잊히지 않는 기억이 있다. 아내 혼자 집에 있던 날, 어떤 남성이 반 지하 창문으로 아내가 자는 것을 확인, 주인집과 연결돼 있는 샛문을 통해 우리 집 현관문을 열려고 시도를 했다는 것이다. 다행히 보조 잠금장치를 잠가 놔서 별 일은 없었지만 너무나 끔찍한 일이었다. 그때 나는 가장으로서 책임감을 느끼고 어떻게든 집을 옮겨야겠다는 목표가 생겼다.

서울에서는 내가 가진 돈으로 햇빛을 볼 수 있을 만한 전셋집을 찾기가 참으로 어려웠다. 나는 서울을 포기하고 그나마 상대적으로 값이 싼 경기도 쪽으로 이사를 했다. 출퇴근만 해도 왕복 3시간이 넘게 걸렸으니 몸이 고되고 힘들었다. 빨리 돈을 더 벌어서 집을 사면 힘들 일도 없을 텐데, 하며 내 집 마련에 목표점을 두고 살았다. 이토록 꿈은 생활의 편의를 위해 존재했고, 조금 더 나은 형편을 위해 꿈의 너비도 조금씩 커졌다. 나 역시 목표를 하나 둘 이루면서 지금껏 살아온 것 같다.

꿈의 크기를 확대하여

나는 지금 어떤 꿈을 가지고 있을까? 나는 꿈은 진화할 수 있다는 것을 믿는다. 현실적인 삶의 목표들의 꿈인 경우에도 계속 더욱 높은 단계, 더 큰 단계의 새로운 꿈을 가질 수 있다. 이해하기 쉽게 돈을 가지고 표현을 해보자. 우리가 백만 원을 벌게 되면, 그보다 더 높은 금액인 천만 원을 버는 계획을 세우고, 천만 원을 갖게 되면 1억을 버는 계획을, 1억은 다시 10억으로 목표를 키우는 것이다. 우리의 꿈은 이렇게 단계별로 더 높은 수준으로 바뀌어 간다. 그렇기에 지금 내가 꾸는 꿈이 너무 소박한 꿈은 아닐까 하며 자책할 필요는 없다. 아무리 작은 꿈이든 아무리 세속적인 꿈이든 우선적으로, 우리는 꿈을 가져야 한다.

나는 스스로 창업을 하던 첫날부터 내 자신에게 다짐했던 꿈이 하나 있다. 절대로 장사꾼이 되지 않겠다는 것, 반드시 10만 명 이상의 직원을 둔 그룹 기업의 회장이 되겠다는 꿈.

단순히 창업에 그치지 않고, 경영을 통해 최소한 사장을 10명 정도 배출 해내는 그룹 회장이 되겠다는, 어찌 보면 무모할 정도로 목표를 세웠다. 최대한 목표를 최고치로 세워야만 근사치도 높아질 거라는 확신 때문이었다.

또한 중국에서 창업한 한국인으로서 중국에서 기업의 규모에서 성장을 이루는 것 이외에도, 중국 사회로부터 존경을 받는 기업을 이루고 싶다. 내가 만든 기업 안에서 많은 생명들의 삶이 더욱 아름다워지는 모습으로 가득한 행복한 기업을 일구고 싶다. 가끔 중국의 공영 방송인 CCTV에 내가 소개되는 이미지 트레이닝을 하기도 한다. 미국의 명문 대학에서 MBA 성공사례연구(Case study)로 선정되어 특강을 하는 상상도 해보곤 한다. 이런 이미지트레이닝은 나를 긴장하게 만든다. 알 수 없는 긴장감은 나를 더 열심히, 최선을 다할 수 있도록 이끌어 준다. 나는 반드시 이뤄 낼 것이다. 뜬구름처럼 먼 꿈에 천천히 다가가서 반드시 쟁취할 것이다.

가치 있는 꿈

성공이란 무엇인가?

자주 그리고 많이 웃는 것
현명한 이에게 존경을 받고
아이들에게서 사랑을 받는 것

정직한 비평가의 찬사를 듣고
친구의 배반을 참아내는 것

아름다움을 식별할 줄 알며
다른 사람에게서 최선의 것을 발견하는 것

건강한 아이를 낳든
한 떼기의 정원을 가꾸든
사회 환경을 개선하든

자기가 태어나기 전보다
세상을 조금이라도 살기 좋은 곳으로
만들어 놓고 떠나는 것

자신이 한 때 이곳에 살았음으로 해서
단 한 사람의 인생이라도 행복해지는 것
이것이 진정한 성공이다

위 글은 랄프왈도 애머슨의 〈성공이란 무엇인가(What is success)〉 시 전문이다. 우리 회사 기업 문화의 핵심이자 인생의 가치관을 바꿔 놓을 정도로 내가 가장 좋아하는 시이기도 하다.

내가 생각하는 진정한 꿈은 마지막 행처럼 '진정한 성공'을 원하는 것이다. 내가 이 세상에 존재함으로써 단 한 사람의 인생이라도 더욱더 행복해지는 것, 그 삶의 존재가 질적으로 나아지게 만드는 것, 이런 것이 선한 영향력이 아닐까 생각한다.

갓 입사한 신입 직원이 회사 내에서 질적으로 성장해 나가는 걸 보는 것은 경영인으로서의 또 다른 기쁨이다. 입사 초기와는 달리, 본인 생에 가치 있는 생각들을 하기도 하고, 책 한 권 읽지 않던 직원들이 독서에 빠지기도 하고, 작은 우리 안에 갇혀 자신밖에 모르던 직원들이 이제 세상에 대해 좀 더 많은 생각을 하는 모습을 바라볼 때, 나는 선한 영향력을 다시 상기한다. 내가 회사를 성장시키려고 하는 목적은 더 많은 사람들을 회사의 직원으로 받아들이기 위한 것이다. 더 많은 사람들이 우리 회사에 입사하여 우리가 나누어 주는 선한 영향력의 자양분을 받아서 그들의 삶의 모습이 더 아름답게 더 행복하게 바뀌어 가는 모습을 보기 위한 것이다.

우리가 살아가면서 혹은 이 세상을 열심히 살다가 마지막 날 그들을 떠나면서 그들, 더욱더 많은 그들이 성장하는 모습을 보면 얼마나 행복한 일인가? 이것이 진정한 성공이라고 생각한다. 내 꿈이 여기에 있다. 이것이 이제 내가 그동안 작고 현실적인 꿈들의 진화 과정을 통하여 오늘날 갖게 된 꿈이다.

우리는 꿈을 가져야 한다. 어떤 꿈이든 그것이 작든 크든, 그 꿈의 가치가 아무리 사소한 것일지라도 반드시 꿈을 가져야 한다.

chapter **4**

천시, 지리, 인화

자연스럽게 다가오는 시간

"박 사장은 몇 년 더 빨리 자기 사업을 시작했으면 지금쯤 아마 엄청 떼돈을 벌었을 거야. 90년대 후반기나 늦어도 2000년대 상반 기에만 창업했어도 중국에는 기회가 더 많았고, 무엇을 팔던 엄청 벌었을 텐데."

고마운 친구와 후배, 그리고 늘 나를 아껴 주던 선배들로부터 여러 번 들었던 좋은 말이다. 길다면 길고 짧다면 짧은 5년이란 시간 동안 어느 정도 회사의 면모를 갖춘 기업을 일구고 경영하는 것을 보고 고마운 격려와 조언의 말을 해 주는 것이다.

한 때는 가끔 그분들의 말씀이 맞는 것도 같다는 생각을 하기도 했다. 1996년 초에 상하이에서 주재원 생활을 시작했으니 2000년 이 되던 해는 중국에서 주재원 경험을 약 5년 정도 쌓았던 때였다.

중국어로 비즈니스를 하는데 자신감도 붙고, 중국 시장에서 무역할 아이템들도 보이고, 여기저기 기회가 눈에 들어오던 때다. 그때 즈음의 나이는 40살 정도였다. 그 팔팔하던 나이에 다니던 회사를 그만두고 내 사업을 하겠다고 독립을 했으면, 아마 더 많은 돈을 벌었을 것이라는 생각을 해보기도 했다.

그런데 한편으로 그렇지 않을 수도 있다고 생각한다. 내가 10년이 넘는 직장 생활을 하지 않고 독립을 했다면 지금보다 훨씬 큰 기업을 이루고 더 빨리 성공할 수 있었을까?

기회비용을 따져 보면 빠른 창업이 빠른 성공을 가져왔을 수도 있다. 그러나 분명한 건 지금 돌이켜 보니까 '그렇게 했으면 그럴 수도 있었을 텐데'라고 생각할 뿐이다. 내가 좀 더 젊어서 창업을 했다면 망했을 수도 있다. 처음부터 망하지 않고, 멋지게 성공하다가 결국에는 망했을 수도 있다.

중국을 너무 우습게 여기고 덤벼들다가 실수를 거듭하면서 망했을 했을 수도 있고, 돈을 한참 잘 벌고 성공 가도를 달리다가, 성공했다는 자기도취에 빠져 저 자신도 모르는 사이에 건방져지다가 망했을 수도 있다. 물론 더 빨리 시작해서 처음부터 실패도 해보고, 혹은 성공하다가 실패도 해보고, 다시 일어날 수 있다면, 그래서 지금 이 나이에 더욱 멋지게 성공할 수 있다면 이 또한 좋은 일이 아닐 수 없다. 하지만 내가 몇 년 더 빨리 사업을 시작했으면 오늘보다 더 멋진 성공을 하고, 더 큰 기업을 운영할 수 있었을 것이라고 확실히 말할 수는 없다.

나는 하늘이 마련하여 준 시간이 있다고 생각한다. 내게 주어진 상황을 억지로 바꿔 가면서 자연스럽지 않은 상황에서 안 되는 것을 내 마음대로 억지로 해보려는 시간이 아니고, 자연스럽게 내게 다가오는 시간이 나로 하여금 성공하게 만드는 것으로 생각한다. 인정받는 직원으로서의 책임감, 회사를 다니는 동안에는 그곳에 충실해야 한다는 생각이 없이 몰래 창업 준비를 하다가 조직을 떠났다면, 나를 신뢰해주던 선후배들을 저버리고 온갖 비난을 들으면서 추한 뒷모습으로 떠났다면, 그래서 더 빨리 성공할 수 있었다면, 그것은 진정한 성공일 수 있을까?

우주의 기운

우주에는 기운이 있다고 생각한다. 한 사람 한 사람의 마음들이 기운이 되어 대기에 가득하게 떠다니고 있다고 생각한다. 내가 무엇을 하든지 잘 되기를 바라는 마음이 이 우주 공간에 가득할 때, 나를 둘러싼 이 대지의 공기에 그런 마음이 가득할 때는 분명히 성공할 수밖에 없다고 생각한다.

그와 반대로 내가 다니던 회사에서 나를 믿어 주던 분들의 관계를 몰라라 하고 나의 실속만 차리려고 했다면 그분들의 실망과 내 뒷모습을 보면서 했을 수도 있는 비난의 말들이 나의 앞날에 장애가 되었을 수도 있다. 그리고 그보다는 원천적으로 내 좁은 마음, 신뢰를 해주시는 분들을 몰라라 하는 이기적인 마음, 돈을 벌어 보겠다고 생각하는 돈을 쫓는 마음들이 제대로 성공할 수 없도록 걸림돌이 되어 갔을 것이다. 그래서 나를 칭찬 해주고 격려하려고 해 주던 말들에 대해서 이렇게 대답을 해 주고 싶다.

"하늘이 주는 시간이 있는 것 같습니다."

어차피 오래 살 인생인데, 몇 년 빨리 시작하는 것보다는 모두의 신뢰와 응원을 받을 수 있는 정확한 때, 즉 하늘이 준 때에 사업을 벌이지 않았나 싶다.

기회가 많은 이곳에서

글로벌 패권이 유럽이었다가 미국으로, 이제는 미국에서 중국으로 넘어오고 있는 시대에 살고 있다. 지금 우리는 새로운 글로벌 중심인 "한·중·일" 삼국의 시대로 패권이 넘어오고 있는 시대에 살고 있다고 본다.

중국은 현재 글로벌 G2 국가이다. 머지않아 G1의 국가가 될 것으로 예측하고 있다. 중국 내수 시장의 소비 구매력은 미국 다음으로

2위이다. 가까운 미래에 미국의 소비 구매력을 초과할 것으로 예상한다. 해외 관광 산업에서 중국인이 쓰는 여행 경비는 단연 세계 1위이다. 그만큼 중국인의 소득 수준, 소비 수준, 파워가 대단해지고 있다.

80년대 개혁 개방 이후로 중국은 전 세계의 공장의 역할을 해오면서 급속히 빠른 속도로 성장을 해왔다. 이러한 중국이 이제는 전 세계의 소비를 주도하는 가장 큰 내수 시장이 되어가고 있다. 글로벌 경제, 정치, 군사, 문화 모든 측면에서 우리는 중국의 리더십 시대를 맞이하고 있는 것이다.

우리는 한국인으로 잘 태어났다. 인류의 역사상 중국이 다시 한번 크게 성장하는 시대를 맞이하여 가장 인접한 국가 중 한곳에 태어난 셈이기 때문이다. 세계의 어느 국가이든, 어느 기업이라도, 심지어 어느 개인이라도 이제 중국을 외면하고 살 수 없는 시대가 되었다. 국가 차원에서 중국과 좋은 외교 관계, 좋은 경제 협력 관계를 맺지 않으면 그 나라 역시 성장을 하는데 문제가 될 수 있는 시대이다.

기업 차원에서도 마찬가지다. 한국의 어느 중소기업이라고 하더라도 중국에 제품을 수출할 수 있다. 또한 중국으로부터 필요한 자재나 제품을 수입할 수 있는 시대에 접어들었다. 아프리카, 혹은 남미의 어느 국가, 혹은 동유럽의 어느 국가의 대기업은 물론 중소기업도 마찬가지이다. 이제 글로벌 무대의 기업들은 중국에 뭔가를 팔아야 하고 중국에서 뭔가를 사야 하는 시대로 접어들었다.

개인도 역시 마찬가지다. 한국이든 미국이든, 혹은 유럽이든 전 세계의 소비자들은 중국 제품이 없는 세상을 살아갈 수 없다. 우리의 식탁은 물론 우리의 안방이나 공장에는 반드시 중국산의 제품이 있기 마련인 세상에 살고 있다. 나는 개인적으로 이러한 기회의 나라 중국에서 창업하고 회사를 키워가고 있는 것이 행복하다. 앞으로 한 · 중 · 일 삼국의 FTA 시대가 오면 중국의 경제 중심 도시인 상하이에서 기업을 하는 나에게는 더 많은 기회가 올 것이다.

우리 회사는 한 · 중 · 일 삼국의 FTA 시대를 맞이하여 크게 성장을 할 것으로 기대하고 준비하고 있다. 한국의 청년들에게 반드시 중국어와 중국을 배우라고 권하고 싶다. 지금 일하는 곳이 중국이 되었든 한국이 되었든지 반드시 중국을 무대 삼아서 미래의 기회를 붙잡아야 한다.

좋은 인연을 만들면서

우리가 더 빨리 태어났더라면 이 좋은 세상에서 더 많은 기회의 때를 만날 수 없었을 것이다. 우리 할아버지와 아버지 세대는 민족의 암흑기에 태어났다. 일제강점기와 한국전쟁 후 심각할 정도의 빈

곤한 세월을 보냈다. 중국 역시 서구 열강과 일본의 침략을 받았고, 세계 2차 대전이 종결되면서 중국은 공산당이 정권을 잡았고 다시 문화 혁명의 시기로 접어들었다. 이제 시련의 20세기는 옛말이 되었으나 그 시절 우리는 매우 힘들었다.

한국인으로 태어나서 중국이라는 큰 시장을 무대로 마음껏 기량을 펼쳐 볼 수 있는 유리한 로케이션을 우리는 갖고 있다. 중국과 한국의 경제는 더욱더 밀접한 관계의 단계로 발전될 것이다. 양국의 관세 장벽이 철폐되고, 양국은 시장을 통합하여 나갈 것이다. 시장 통합은 중국으로 하여금 더욱더 한국의 시장을 필요로 하게 만들어 줄 것이다. 우리는 또한 더 큰 중국의 시장에서 마음껏 기량을 발휘하면서 비즈니스를 할 수 있을 것이다.

맹자는 "天時不如地理, 地理不如人和(티엔스부루띠리, 띠리부루 런허)."라고 말했다. 하늘이 준 시간은 지리적 이점보다 못하고, 지리적인 조건은 인화, 즉 사람들의 화합보다 못하다는 뜻이다.

우리는 혼자서 비즈니스를 할 수 없다. 혼자서 사업할 수 없고, 혼자서는 결코 성공할 수 없다. 사업이라는 것은 반드시 사람과 사람 간에 하는 것이다. 같이 비즈니스를 할 수 있는 사람들이 필요하다. 많은 사람들이 비즈니스를 같이 하고 싶어 하면 사업은 날로 성장할 것이다. 반대로 사업을 하고 싶어 하는 사람이 별로 없다면 여러분이 아무리 노력을 한다고 해도 헛수고가 될 것이다.

필연적으로 사업을 하기 위해서는 좋은 인연이 필요하다. 사업이란 머리로 하는 것이 아니다. 사업하는데 필요한 것은 마음이다. 따뜻한 가슴이다. 우리의 인간성과 인격, 인품이 언제나 중요하다. 스스로 늘 수양하고 겸손하고 바르게 마음을 가지면서 지극히 선한 것을 생각하며 선함을 끌어당기는 태도를 가질 때, 인복이라는 것이 우리에게 다가올 것이다.

그렇게 인복이 오면 우리 자신과 협업을 하려는 분들이 찾아 주기 시작한다. 좋은 머리만 가지고 날 새도록 일을 한다고 해서 반드시 성공하는 것이 아니다.

인복이 있으려면

나를 좋아해 주는 사람들이 있어야 한다. 나를 신뢰하고, 나와 같이 일을 하고 싶어 하는 사람들이 있어야 한다. 그들이 나에게 오더를 주고, 비즈니스를 같이 하자고 하고, 고객이 되고, 사업 파트너가 되는 것이다.

마음이 바르지 않고 인간성과 인격과 인품이 바르지 않으면 상대가 나를 신뢰하지 않고 이내 나의 곁을 떠나게 될 것이다. 좋은 머리와 수완으로 엄청난 노력도 기울였을 수 있지만, 올바르지 않은 마음 때문에 좋은 인연들이 떠나는 것을 보게 될 것이다. 나의 바르지 못한 마음을 이용하려는 또 다른 마음이 바르지 못한 사람만 남게 되어 결국 사업이 불행한 결과로 마감될 수 있다.

중국 사람들은 "人脉就是钱脉(런마이찌우쓰첸마이)." 인맥이 돈줄이라고 말한다. 맞는 말이다. 사람이야말로 돈을 벌게 만들어주는 건 인지상정이다. 일이나 사업 자체가 돈을 벌게 해주는 것이 결코 아니다. '나'를 신뢰해주는 사람, '나'와 같이 비즈니스를 하고 싶어 하는 분들이 있어야 한다.

또 하나는 나와 같이 일을 하고 싶어 하는 훌륭한 인재들이 있어야 한다. 인맥이 돈줄이라고 해서 무조건 많은 사람들을 만나고, 목적을 가지고 사람들을 사귀면 저절로 돈이 벌리는 것이 아니다. 인맥을 확보하는 데만 목적을 두고 어떤 모임이나 어떤 협회에 가입하고 활동을 한다고 해서 되는 것이 아니다. 내가 만나는 사람들과 진심의 마음으로 관계를 맺어 가야 한다. 단순히 비즈니스에 도움이 되는 기회로 새로운 인맥을 만들려는 생각은 하지 않는 게 좋다. 순수한 마음, 존경하는 마음, 겸손한 마음, 배우려는 마음으로 사람들을 만나야 한다. 때로는 내가 금전적으로 부담이 되더라도 기꺼이 도와드리는 마음, 반대급부를 바라지 않는 마음으로 만남을 가져야 한다.

스스로 인복을 불러올 수 있는 바른 마음을 가져야 좋은 인연이 우리에게 다가오게 되는 것이다. 하늘이 내려 준 시간, 기회를 주는 중국 땅에서 혹은 중국을 무대로 삼아서 지극히 바른 마음으로 자신을 다듬어야 한다. 그러면 우리가 서 있는 이 대지 위에 우리 자신의 사업을 성공하게 만들어 주는 선한 공기가 가득하게 될 것이다.

chapter 5

한중일
디자인 삼국지

디자이너에 대한 존경

명함을 받았을 때, 이름 옆에 디자이너라는 직함이 적혀 있는 걸 보는 순간, 나는 무조건적으로 그 사람을 존경한다. 또 누군가 대학에서 디자인을 전공하고 있다고 말하면, 나는 그 학생을 무조건 기특하게 여긴다. 그리고 그 학생에게 전공을 잘 선택했으며, 갈수록 수요가 늘어나는 직종일 테니 취업하는 것쯤은 문제없을 것이며, 창업을 하기에도 좋을 거라 한껏 격려의 말을 늘어놓는다.

내가 대학을 졸업하고 사회에 첫발을 디디던 80년대 말, 90년대 초반까지만 해도, 아니 그 이전 시대만 하더라도, 디자인의 중요성을 크게 생각지 않았던 것 같다. 나 또한 디자인 분야와 내 인생은 관계가 없는 것이라 여겼고, 디자인이야 말로 그 분야의 전문가, 미적 감각이 뛰어난 사람들만이 하는 일이라고 단정 짓곤 했다. 당시에 디자인이라고 하면 명품 가방이나 쥬얼리와 같은 패션 분야, 혹은 건축과 같은 설계 디자인 등을 떠올리곤 했다. 오늘날처럼 공업생산 제품이나 서비스 제품 등 분야를 가리지 않는 모든 영역에서 디자인을 강조하지는 않았었다. 모든 산업 전반에서 디자인이 중요한 키워드가 된 것은 불과 십여 년 안팎의 일이다.

디자인이 각광받기까지

80년대 이전까지만 해도 공급이 수요를 창출한다는 개념이 통할수 있었다. 미국이나 유럽과 같은 선진 시장의 경우, 오래된 자본주의 경쟁시스템에서 제품 디자인의 중요성은 우리보다 훨씬 더 이른 시기에 주목 받았겠지만, 한국은 그때까지만 하더라도 제품의 외형에 신경 쓰기에는 역부족이었다.

흑백텔레비전을 보던 시절, 그 시절은 수입품에 대한 높은 관세장벽이 있었기에 수입제품은 비싸서 살 엄두가 나지 않았다. 게다가 정부가 애국심을 조장하면서 수입품을 구매하는 소비문화를 억제하던 시기였다. 대한민국의 일반 서민들은 한국 기업의 과점 혹은 독점 공급 상태에서 국산 선풍기, 냉장고, 세탁기 등의 가전제품들을 구매할 수밖에 없었다. 한 집 건너 한 집 모든 흑백텔레비전은 웬만하면 럭키골드스타(현 LG)였다. 그러니 디자인은 그다지 중요하지 않았다. 당시 기술 발전 단계에서는 기술과 품질, 가격이 더 중요했지, 디자인은 품질 관리의 대상에도 들어가지 않았을 것이다.

80년대 후반 이후부터 점점 시장은 개방되었고, 신규 진입자가 증가하면서 공급이 수요를 초과하기 시작했다. 그로 인해 업체 간의 경쟁은 치열해졌다. 가격과 품질과 같은 핵심 경쟁 수단에만 의존해서는 이 경쟁에 살아남을 수 없게 되었다. 마침 그 시기에 감성지능이라는 용어가 전 세계적으로 널리 받아들여지기 시작했다. 그 이전까지 인재의 평가 측정 수단, 즉 성공의 잠재 능력을 판단하는 수단은 지능지수가 통용되었다. 치열한 경쟁에서 살아남으려면 일률적인 기준들보다 더 뛰어난 것이 필요했다.

기업들은 앞 다투어 감성 경영이라는 새로운 전략을 도입했다. 기능과 품질, 가격 등 구매결정에 영향을 미치는 요인들의 경쟁력이 고만고만한 제품들이 시장에 넘치면서, 소비자들에게는 선택의 폭이 넓어졌고, 또한 선택의 주권을 행사할 수 있는 이른바 소비자 권력 시대가 도래하게 된 것이다. 기업들 측면에서도 공업용 제품이든, 소비자용 제품이든 일단 제품의 외형을 경쟁 우위의 핵심 요소로 받아들이기 시작했다.

삼국의 디자인 배틀

한 국가의 총체적인 디자인 수준, 그 수준의 평균치는 다른 나라와 어떻게 차이가 나는 것이고, 그 우열은 어떻게 판단되는 것일까?

일단 동북아 3개국을 비교해보기로 하자. 과거 소니가 워크맨을 만들어 세계 시장에서 돌풍을 일으켰을 때를 예로 들어보면 일본인들은 무엇이든 심플하게 만드는 걸 좋아하는 것 같다. 남에게 피해를 주지 않기 위해 과장하지 않는 성향은 디자인적 요소에도 영향을 끼친 듯 대체적으로 단조로우면서 작은 편이다.

중국은 어떠할까. 문화혁명을 거치고, 개혁개방, 사회주의 시장경제체제를 도입하면서 중국은 급속도로 발전해왔다. 자국의 내수시장뿐 아니라 세계시장을 상대로 파격적인 저임금, 저원가의 판매 가격으로 무장한 그들의 제품은 2000년대 초반까지 많은 인기를 누렸다. 그들의 디자인적 특징은 과장이다. 일본과 달리 그들은 남들 눈에 잘 띄는 색채와 크기의 디자인을 선호했다. 이는 표현하기를 좋아하는 대륙적 기질이 영향을 끼쳤다는 반증일 것이다.

그렇다면 한국의 디자인 수준은 어떠한가? 디자인에 대해 전문적 조예가 없는 소비자의 시각으로 볼 때, 한국의 디자인 수준은 이미 동북아 2개국은 앞질렀고, 세계적으로도 고차원적인 수준으로 나아가고 있다고 생각한다. 내가 이렇게 단정 짓는 이유는 이렇다.

우선 일본의 경우, 젊은 청년들이 해외로 유학하는 것을 꺼린다고 한다. 이미 일본은 충분히 선진 국가이기 때문에 굳이 외국에 나가서 배울 필요가 없다고 생각하는 것일 터. 그러나 다른 각도에서 보면 일본은 그런 점에서 이미 에너지를 소진해버린 상태이기도 하다. 현재 일본의 오랜 경제적 고착 상태, 또한 글로벌 기업의 추락만 본다 하더라도 참신함을 바라기는 힘들다.

정치적 문제로 경제의 발목을 잡고 있는 중국 역시 마찬가지이다. 체제 안정을 최우선으로 하는 중국으로서는 세계와의 소통을 상당 부분 제한하는 국가전략을 강하게 실행하고 있다. 현재 세계적으로 가장 유통이 쉬운 산업인 소셜네트워크 사업만 하더라도 페이스북, 트위터, 유튜브, 구글, 한국의 카카오톡과 라인까지도 국가적으로 제한을 두고 있다. 표현의 자유가 제한되는 시스템에서 창의성이 마음껏 배양되고 성장하기를 기대하기는 어려울 것이다.

그렇다면 한국은 어떠한가. 중국보다 턱없이 작은 면적의 나라, 일본보다 턱없이 작은 시장의 나라인 우리의 강점은 바로 인재다. 세계적으로도 알아주는 한국의 '인재'들은 일당백의 정신으로 세계 이곳저곳을 누빈다. 특히나 흡수력이 대단한 한국인들은 새로운 것에 언제나 촉각이 곤두서 있으며 매우 탄력적이다.

세계 시장에서의 한국

트렌드에 민감한 한국의 특성은 새로운 문화적 코드도 양산하고 있는 추세이다. 일례로 한국의 대중문화, 즉 한류는 아시아권은 물론 유럽과 중남미에서도 환영받고 있다. 대중문화만큼 디자인의 시류를 알아볼 수 있는 것은 없다. 패션, 자동차, 전자기기 등 최첨단 디자인을 알아볼 수 있는 제품들이 한가득 등장하는 드라마나 뮤직비디오와 같은 문화산업은 국가경쟁력을 높일 수 있는 훌륭한 지표이기도 하다. 2014년, 현 시점에서의 한국은 세련된 디자인 화법으로 세계에 분포돼있는 다양한 고객층들을 만족시키고 있다.

일본의 기술과 중국의 경제력을 넘어설 수 있으려면 다양한 시도와 변화들이 필요할 것이다. 앞 챕터에서도 말했듯, 남들과는 다른 시각을 확보해야만 치열한 시장에서 살아남을 수 있을 것이다. 한국은 충분히 그럴 만한 저력을 지니고 있다. 우리에게는 기술과 돈보다 더 뛰어난 '사람'의 능력이 갖추어져 있기 때문이다.

바쁘다는 말

글을 쓰면 이겨낼 수 있다

석양이 아름다우나 황혼에 가깝다는 말

펑요우, 인생의 벗

5부

마음을
어루만지면서

chapter ❶
바쁘다는 말

바쁜 것은 마음 죽이는 것

바쁘다는 말은 중국어로는 忙(망)이다. 한국인이 사용하는 한자 발음 역시 망이다. 마음 심(心)과 망할 망(亡)이 합쳐진 단어가 '바쁠 망'인 것이다. 바쁘다는 것은 마음이 무너진 상태, 마음이 사망한 상태를 의미하는 한자이다. 이렇듯 나를 바쁜 상태에 내몰수록 나의 심정적인 건강 상태는 적신호가 된다. 이 한자어의 어원을 알고 나서, 나는 되도록 바쁘다는 말을 하지 않기로 했다.

신입 사원 초기에는 늘 배에 가스가 가득 찼다. 요령 없이 마음만 조급했던지라 늘 속이 쓰렸다. 회사 생활에 적응을 하는 몇 개월 동안 나는 위산과다로 인해 위장이 안 좋아진 것이다.

이내 몇 개월 더 근무를 하면서 나는 차츰 요령을 익히게 되었다. 일단 마음을 다스리는 게 중요했다. 책상 위에 A4 용지를 꺼내 놓고 해야 할 일들을 한 줄 한 줄 적어 내려갔다. 가장 중요한 일부터 순서를 정했다. 그리고 중요하지만 처리하려면 시간이 길게 소요되는 것과 중요하면서 바로 할 수 있는 일을 구분하였다. 당장 할 수는 없는 일이지만 조만간 해야 될 일을 구분해보았다. 하고 싶은 일, 그러나 시간이 없으면 내일로 미룰 수 있는 일의 우선순위를 정하여 놓았다.

일을 하나씩 처리하면서 끝마친 일은 빨간 펜으로 줄을 그었다. 일하는 중에 부장이나 과장, 대리가 불러서 요구나 지시 사항을 내리면 그 즉시 바로 종이 위에 적어 놓고 다시 순서를 줄 세웠다. 그리고 마음을 다잡아보았다.

"그래 나는 똑똑하지 않아. 서두르려고 하지 말자. 설령 밤을 새워서 하더라도 천천히 하자."

마음이 또 죽어갔나?

창업을 시작한 지 일 년이 채 안 됐을 때 일이다. 그때 회사에 한국 사람은 오로지 나밖에 없었다. 모든 한국 거래처들은 중국어로 소통할 수 없었고, 영어로 소통하기보다는 그들에게 편한 한국어로 메일을 보내왔다. 중국직원들은 한국의 거래처와 한국어로 언어소통이 불가했기 때문에 나는 직접 메일을 번역해 중국 직원들에게 전달하는 수고를 감수해야만 했다. 한국에서 거래처 사람들이 출장을 와서 며칠이고 공장들을 방문할 경우에는 내가 직접 모든 일정을 같이 하고 통역을 해야 했다.

하루에 오는 메일이 수십 통이 넘었다. 메일에 회신하면 또다시 많은 답장들이 돌아왔다. 출근과 동시에 가장 먼저 해야 할 일은 수북한 메일함을 열어 일부는 중국어로 번역하여 직원들에게 넘기고, 일부는 직접 회신하고 처리해야 하는 업무였다.

"바쁘다. 엄청 바쁘다. 정신없이 바쁘다."

정말이지 바쁘다는 말을 입에 달고 살 만큼 너무 바빠서 다른 일들을 생각할 겨를이 없었다. 아내와 아이들이 어떤지 살필 틈도 없이, 그저 눈앞의 일에 코를 박고 일을 했다. 스트레스가 쌓이니 얼굴은 시커멓고 항상 피로에 찌들었다. 얼굴은 햇볕에도 타지만 늦게 귀가하는 달빛에도 타는 것 같았다.

그러던 어느 날, 직장 생활 첫 부서의 부장이었던, 지금은 협력업체인 회사의 장병대 사장님으로부터 메일을 받았다. 너무 바빠하지 말라는 내용이었다. 이분이 내게 바쁘다는 것은 마음이 무너진 것을 뜻한다면서 위와 같이 한자 풀이를 해주었다. 그 메일을 읽는 순간 나는 완벽하게 동감할 수 있었다.

차분하게 진행했으면 더 잘할 수 있었는데, 늘 바쁘다는 태도가 문제였다. 바쁘다는 변명, 이 말은 다시 말하면, "나의 마음은 죽었어요."라고 이야기하는 것이나 다름이 없다. 마음이 죽으니 주변의 생명도 살려낼 수 없다. 늘 바쁘다는 생각으로만 살아서 마음이 죽어 있었기 때문에 아내나 아이들에게도, 친구나 가끔 안부 인사를 드려야 하는 분들께도 생명의 인사를 전하지 못하고 살았던 것이다.

그러므로 나는 바쁘다는 말을 안 하기로 했다. 일이 아무리 많아도, 아무리 산더미처럼 수북하게 쌓여 있더라도 천천히 하기로 했다. 일이 많다고 생각되면 직원들과 서로 나누어서 일하는 것이 혼자 끙끙대는 것보다 더 효율적이다. 마음을 재촉하는 일은 더 이상 하지 않기로 했다. 마음이 무너지면 모든 게 무슨 소용이랴.

삶을 바라보는 마음 역시 조급한 태도라면 이미 죽어버린 마음이다. 마음을 죽이지 않은 마음이 필요하다. 忙의 오른편 '亡'을 떼어내고 오직 마음 心을 고요하게 다스려야 할 것이다. 마음이 물처럼 흐르도록 해야 한다. 노자의 상선약수(上善若水)를 배워서 순기자연(順其自然), 즉 자연스럽게 흐르게 해야 한다.

글을 쓰면
이겨낼 수 있다

이유 없는 슬픔

1982년 5월, 축제가 한창이던 때, 나는 혼자 학교 정문을 터벅터벅 걸어 나왔다. 학교 옆 음악다방과 자주 가던 막걸리 집을 지나쳐 버스정류장 앞에 우두커니 서서 나는 머뭇거렸다. 길을 건너 버스를 타고 시내 방향으로 갈지, 아니면 그냥 집으로 가는 버스를 타야 할지 결정을 해야 했기 때문이었다.

아무도 나를 불러주는 사람이 없었고, 집 말고는 갈 수 있는 곳도 딱히 없었다. 눈에 들어오는 공중전화를 보면서 호주머니 속 동전의 무게를 느껴보았다. 짤랑짤랑, 동전끼리 부딪히는 소리가 났지만 이내 전화할 곳도 없는데 뭐, 하는 생각에 괜스레 외로움이 가득해졌다. 지금도 나를 적적하게 만드는 목록 중에 '동전'이 있는 것은 아마도 이때의 기억 때문일 것이다.

글을 그다지 읽지도 쓰지도 않던 대학 시절, 내게는 글을 쓰는 친구가 있었다. 시와 소설을 쓰던 친구는 1980년대 민주화 운동을 하며 고초를 겪는 삶속으로 뛰어들었다. 나는 그의 영향을 받아 막걸리도 기울여보고, 커피를 마시며 음악을 듣기도 했다. 또한 그가 민주화 운동에 여념 없을 때, 나 역시 그 분위기에 휩쓸려 있기도 했다. 그러다가 나는 입대를 했고, 병역을 마친 후에는 이 땅의 대부분 남자들과 아버지들이 선택하듯 현실의 삶속으로 뛰어들었다. 열심히 직장 생활을 하고, 월급을 받아서 집을 마련하는 그런 삶속으로 말이다.

조건이 주어지면 무조건 반응을 하는 파블로프의 실험 개처럼 나는 매일 새 아침이 밝으면 새벽같이 일어나 회사에 가고 밤늦게 집에 돌아오는 것을 당연한 것으로 생각하며 살아왔다. 그렇게 살다 오다가 문득 뒤돌아보니 공중전화 박스 앞에서 동전을 만지작거리며 어린 나이의 이유 없는 슬픔을 느끼던 때로부터 무려 삼십 년의 세월이 훌쩍 지나가 버린 것이다.

생각이 현실이 되는

우리는 살면서 얼핏 생각해보았던 일들이 현실이 되는 경험들을 갖게 된다. 이른 새벽안개가 자욱한 강가에 서면 앞에 두고 있는 강이 낭만적으로 어렴풋이 느껴진다. 그러다가 시간이 지나면서 희미했던 풍경과 이미지로부터 안개가 조금씩 걷히게 되고 강의 모습이 뚜렷하게 우리 눈에 들어오게 되듯이 얼핏 생각한 막연한 이미지가 서서히 현실이 되는 것을 경험할 때가 있다.

나는 젊어서부터 주기적으로 일기를 써왔다. 지금 남아 있는 일기는 창업을 하여 지금의 회사를 만들어 온 지난 5년여 간에 쓴 것들뿐이다. 그 이전의 일기들은 이미 불태워졌거나 찢어져 휴지통에 버려졌고 컴퓨터에서 삭제되었다. 일기는 마음이 힘들 때마다 쓰던 게 많았기 때문이다. 전투 경찰로 배속되어 군 생활을 하게 됐을 때, 한참 나와 같은 또래의 대학생들이 데모하는 걸 막는 와중에 기동대 부대서 쓰고 버린 일기가 참 많았다. 아마도 감수성에 상처 입었던 젊은 날들이 그 일기 속에 고스란히 남겨졌을 터.

2007년 여름, 주재원 생활을 마치고 가족과 떨어져 서울에서 혼자 살던 반년 남짓한 시간에 나는 매일 이른 아침 7시경 회사에 도착하여 일기를 썼다. 일기를 쓰지 않으면 너무 외롭고 힘들었던 마음과 무너지는 영혼을 부여잡을 수 없었다. 누구에게도 내 내면을 말할 수 없던 시절이었다. 어쩌면 나의 내면이 무엇인지 몰랐던 그 시절에 오직 일기로 하루를 시작했다. 그렇게 반년 이상 썼던 일기도 그냥 문득 삭제를 해버리고야 말았다. 외로운 시절을 전부 잊고자 하는 다짐의 일환으로 전부 없애버린 거였다.

서울을 뒤로 한 채 나는 비행기를 타고 상하이로 돌아왔다. 다시는 서울의 일상을 되풀이하고 싶지 않았는데, 상하이에서도 날마다 마주해야 하는 것은 두려움, 상처받은 자존심, 외로움 등이었다. 경제적으로 다시 회생할 수 있도록 죽도록 노력했다. 새벽 알람 소리에 깨자마자 곧장 회사로 달려가 "열심! 열심!"이란 구호를 외치며 미친 듯이 일만 했다.

　나는 다시 상하이 일기를 쓰기 시작했다. 날마다 쓰는 것은 아니지만 이른 아침 직원들이 출근하기 전에 회사에 도착하여 컴퓨터를 켜고 일기를 쓰기 시작했다. 슬픈 것, 아쉬운 것, 후회하는 것, 외로운 것, 걱정되는 것, 두려운 것, 참아야 하는 화, 그리고 이 모든 것을 극복하는 마음들에 대해서 썼다. 서울에서 썼던 일기가 그곳에서의 생활을, 호흡을 잘 유지하고 살게 해주었듯이 상하이의 일기는 나로 하여금 무너지지 않고, 무너지려 할 때마다 치사해지지 않고 화를 다스릴 수 없을 순간에도 직원들에게 그리고 모두에게 웃을 수 있게 해주는 힘이 되었다.

　요즘 가끔 강연회의 강사로 초청을 받는다. 어떤 때는 창업스토리에 대해서 강연을 해달라는 요청을 받는다. 창업이란 두려움과의 싸움부터 잘 해내야 한다. 강의를 듣는 분들께 일기를 쓰면서 마음고생과 몸 고생을 잘 견뎌내라고 조언한다.

책을 한 번 써볼까

앞서 말했던 글을 쓰던 친구가 언젠가 내게 책을 써보라고 권유를 하기 시작했다. 그 말을 듣기 전까지 나는 남에게 보여주겠다는 생각으로 글을 써 본 경험이 없었을 뿐더러, 책은 더더구나 자신이 없었다. 내가 완곡하게 거절을 하자 그는 이렇게 말했다.

"아프리카 어느 나라의 속담에 의하면 노인 하나가 죽으면 도서관 하나가 불태워지는 것과 같다. 누구에게나 자기 이야기가 있다. 이곳 중국의 저 내륙의 어느 산골, 혹은 어느 시골에서 가뭄으로 말라비틀어진 땅을 보며 일으켜 세워지지 않은 허리로 한숨을 몰아쉬는 할머니, 그분 삶의 이야기를 쓰면 책이 된다. 누구에게나 책이 있다. 그러니 지난 십여 년 중국에서 생활한 것을 책으로 써 보아라."

그의 말에 나는 내심 용기를 얻게 됐다. 물론 내게도 언젠가는 나의 이야기를 모아 책을 쓰리라 생각했던 바가 있다. 언젠가 딸애가 무심하듯 툭 책을 써보는 건 어떠냐며 권유했을 때에도 나는 막연하게나마 환갑이 지나면 쓰겠다고 약속을 한 적이 있었다. 주변의 권유에 막연한 글쓰기에 대한 희망을 조금씩 실천 해봐도 좋지 않을까 하는 생각이 들었다.

작년 여름, 헬렌 S. 정이라는 영문 이름을 쓰는 한국 사람이 쓴 《나는 왜 일하는가?》라는 책을 스치듯 보았다. 책 제목이 던지는 질문에 대한 해답이 궁금하여 책을 읽어보기 시작했다. 심리학, 뇌

과학, 진화생물학, 양자물리학 등으로 이야기를 풀어나가는 책이었다. 책 제목은 간단한데 내용이 내 예상과는 달리 어려운 과학 이야기들로 시작되었다. 내용이 재미있다고 생각되어 계속 읽어나갔는데, 마지막에 기가 막힌 반전이 있었다.

책을 덮는 순간 저자가 내 마음속에 깊게 새겨준 한 마디는 "죽기 전에 자신만의 책 한 권이라도 쓰기 위해서 일을 한다."였다. 대학을 졸업하고 일을 하기 시작한지 25년 정도 흘렀을까. 나는 이 말을 내 가슴 깊이 받아들였다. 언젠가 책을 쓰기 위해서 더욱 열심히 일하자는 생각과 함께 책에 대한 소망을 더욱 부풀렸다.

물론 소망은 소망일뿐이고 생각은 생각일 뿐일지 모른다. 책을 많이 읽었던 사람도 아니고, 평소에 글을 써서 어느 동아리 회보에 올려본 경험도 없고 더구나 개인 블로그를 만들어 몇 줄 글을 써 본 경험도 없는 내가 책을 낸다는 것은 '언젠가는'이라는 막연한 미래의 이미지였다.

첫 책을 쓰면서

한 번도 남에게 보여주기 위해서 글을 써본 적도 없었고, 더군다나 책을 낼 거라곤 상상도 못했기 때문에 내게는 큰 결심이 필요했다. 글을 쓰는 것에 대한 두려움을 극복하고 자신감을 가지기 위해서는 적절한 이미지 트레이닝이 필요했다. 약 두 달 정도 한 권의 책 분량을 쓰겠다고 기한을 정하고, 머릿속으로 가상의 이미지들을 떠올렸다. 그동안 중국에서의 삶을 한 번 되돌아보는 시간이기도 했다.

처음에는 300여 페이지 정도가 되는 분량에 다소 막연하게 느껴졌다. 어디서부터 이야기를 꺼내야할까, 인생의 어떤 부분을 더 드러내야 할지 고민이 깊어졌다. 우선은 분량을 맞추기부터 목차를 만들고 챕터별로 나눠서 진행을 해보기로 했다. 그렇게 서른 개의 꼭지를 나누었고, 목차에 따라 내 인생과 경험도 서른 개로 정리를 했다.

물론 본업인 회사 경영을 해야 하기 때문에 기한은 촉박했다. 업무 특성상 비즈니스를 하기 위해 저녁 식사나 출장도 잦은 터라, 나는 하루 중에 온전히 집중할 시간을 만들어야겠다고 생각했다. 하루에 무조건 한 꼭지의 글을 완성하리라 나는 다짐했다. 새벽 3시에 일어나 쓴 적도 있고, 업무를 다 마치고 자정이 넘어서 쓰기도 했다. 그런 식으로 작업을 하니 원고가 점점 늘어갔다.

그렇게 해서 나는 두어 달 정도를 매진해 이 책의 초고를 마무리했다. 한 해의 여름날들을 온전히 책을 쓰는데 집중한 것이다. 책이 출간되고 나서 다양한 사람들을 만날 수 있었다. 책을 깊이 사랑해준 독자들과도 호형호제하는 사이가 됐다. 책을 쓰겠다는 결심, 그

막연한 결정은 나를 또 다른 세상과 마주하게 해주었고, 인생을 점검하게 되는 중요한 계기가 되어주었다.

누구나 책을 쓸 수 있다, 당신은 이미 작가

세스 고딘은 저서 《이카루스 이야기》에서 이렇게 이야기하고 있다. "난데없이 말문이 막히는 화자의 벽이 있을 수 있을까? 우리는 아무렇게나 이야기하다가 마지막으로 또는 아주 가끔 현명한 말을 한다. 끊임없이 이야기를 한다는 이유만으로 말하는 능력은 향상된다. 어떤 이야기는 성공하고, 어떤 이야기는 실패한다. 작가의 벽도 그리 큰 문제가 아닐지 모른다. 그냥 써보자, 아무렇게나 쓰자. 계속해서 쓰자. 매일 그렇게 쓰자. 매일 한 문장이라도 '무언가'를 써야 한다면 글쓰기 실력은 분명 좋아질 것이다. 말하듯 글을 쓰자. 충분히 자주."

나는 모든 인간의 내면에 이미 작가가 들어 있다고 생각한다. 직업이 '작가'인 사람들만이 글을 쓰는 것이 아니다. 글을 쓴다면 누구나 작가가 될 수 있다고 생각한다. 어려서부터 책을 많이 읽어온 습관이 없었다는 기억, 글을 제대로 써본 적이 없다는 자기 인식이 우리의 내면을 억누르고 있는 것뿐이다. 작가는 태어나면서부터 작가의 재능을 가지고 나왔고, 작가가 아닌 우리는 그런 재능이 없어서 글을 쓸 수 없고, 더구나 책을 출판할 수 없다는 생각을 버려야 한다. 우리 내면에는 억눌려 있는 두려움을 해방시켜야 한다.

책을 출간하고 난 후, 글쓰기와 관련된 특강에 초청되어 강의를 한 적이 있다. 나는 글을 쓰고 싶으나 막상 시작하지 못한 사람들에게 내 경험을 빌어 용기를 북돋아주고 있다. "나는 이미 작가다!" 하며 구호를 외치게도 한다. 심리학자 개리 맥퍼슨은 "자신을 누구로 바라보느냐에 따라 재능은 저절로 4배나 차이가 난다."고 말했다. 자신에게 주문을 걸면 못할 일이 없다. 사람은 누구한테나 스토리가 있다. 우리는 모두 작가가 될 수 있다.

글을 쓰면 새로운 삶이 보인다

매주 토요일 아침 7시에 독서모임을 하고 있다. 처음에는 세계한인무역협회(월드옥타) 상해지회의 차세대 청년 회원들을 중심으로 시작했던 모임이었는데, 지금은 원하면 누구라도 참석할 수 있는 모임으로 성격이 바뀌었다.

독서모임에 참석한 회원들에게 내 경험을 바탕으로 한 글쓰기 강의를 한 적이 있다. 회원들에게 A4종이 한 장씩을 나누어 주었고, 6등분하여 6장의 종이 위에 쓰고 싶은 글의 제목들을 써내라고 했다. 회원들은 손에 든 6장의 종이 위에 각각 1개씩의 제목을 적은 후 접어서 나에게 제출하였다. 나는 그들로부터 받은 제목들을 박스에 넣은 후 뒤집으며 마구 흔들었다. 회원 한 분을 지정하여 제목 하나를 뽑아보도록 했다. 제비뽑기처럼 선택된 제목은 '커피를 마실 때'였다. 그들에게 15분의 시간을 주었고, 모두 같은 제목으로 각자의 글을 쓰도록 했다. 나탈리 골드버그와 주디 리브스가 글쓰기를 가르치는 책에서 말한 방법이기도 했고, 작년과 올해 몇몇 상하이 교민들과 함께해온 글쓰기 훈련 동아리('작가의 방'이라고 이름 지어 부른다)에서 실제로 훈련하는 방법이다.

글쓰기를 마친 후, 한 사람씩 각자 쓴 글을 돌아가며 읽어보도록 했다. 어떤 분은 자신의 글을 낭독하던 중 울먹이기도 했다. 그녀는 상하이에서 컨설팅회사를 하는 재중동포 여성이었는데, 그동안 겪어온 생의 굴곡을 적다가 자연스레 눈물이 났던 것이다. 그녀의 글은 그녀의 인생이기도 했기에 듣는 우리들도 가슴이 찡했다.

글쓰기에는 이렇듯 치유의 마법이 있다. 종교를 가진 사람들이 기도를 통해 치유와 정화를 하는 것처럼, 글을 쓰면서 자신 안에 갇혀 있던 과거들, 상처와 후회로 인식되는 내면의 이야기를 끄집어내게 되는 것이다. 글을 쓴다는 것은 내면 깊숙한 곳, 어둡게 자리해 있었던 과거의 자신을 드러내 매만지는 일이다. 잊고 싶었던 상흔들을 보듬게 되면서 우리는 자신을 더 사랑하고 이해하게 된다.

또는 과거뿐 아니라 현재, 지금 생각하고 느끼는 것들을 좀 더 진득하게 사유할 수 있게 된다. 또 현재의 모습을 객관적으로 판단할 수 있게 되고, 더 나아가 미래의 모습마저도 그려볼 수 있는 여유가 생긴다. 글을 쓰는 건 나를 정리하는 일이다. 나의 과거와 현재, 미래를 마주하면서 내 자신과 더 친해질 수 있는 기회가 생긴다.

chapter 3

석양이 아름다우나
황혼에 가깝다는 말

주재원 생활을 마치고

주재원으로 근무를 한 지 12년 정도 지났을까. 본사로부터 인사 발령 전화를 받게 됐다. 본국으로 돌아와 근무하라는 것이었다. 당시 나는 사천성 자공시에 투자한 회사의 총경리로 근무를 하고 있었다. 정기 인사 시즌도 아닌 시기에 느닷없는 인사 발령이라니, 나는 다소 놀라면서도 드디어 올 것이 왔구나 싶은 마음이 들었다. 어느 시기가 지나면 다시 한국으로 돌아가야 하는 주재원의 필연적인 생활을 모르는 것은 아니었지만 막상 익숙해질 대로 익숙해진 중국에서의 삶을 접어야 한다고 생각하니 막막하기 그지없었다.

12년 동안의 중국 생활, 중국 곳곳을 누비며 중국 직원, 고객들과 생의 주요한 시기를 보냈던 나로서는 본국 귀환 발령이 달갑지만은 않았다. 다시 한국으로 돌아가 새로 시작을 하려니 앞으로 어떻게 해야 할지 도저히 아무런 생각이 나질 않았다. 사무실이 있는 본관 건물에서 공장 정문까지 양쪽으로 길게 늘어선 직원들의 배웅 인사를 받으면서도 쉬이 발길이 떨어지지 않았다. 그동안 정들었던 회사 직원들의 눈물을 뒤로 하고 나는 중국을 떠나 한국으로 돌아왔다.

약속이 없는 저녁이 되면 홀로 살던 오피스텔 근처의 초등학교 운동장으로 가서 혼자 몇 바퀴씩 트랙을 돌았다. 하늘을 보고 주변의 고층 빌딩들을 보면서 또는 발밑의 땅을 보면서 운동장을 맴돌았다. 운동장 트랙에는 동네 아주머니와 아저씨, 아이들이 각자의 방법대로 운동을 하고 있었다. 나는 그곳에서 어쩐지 이방인이 된 듯한 느낌을 지울 수 없었다. 분명 동네 어귀에 있을 법한 아주머니와 한국어로 떠드는 아이들이 주변에 있었는데도 그곳이 무언가 어색하게 느껴졌다. 그들은 한국 사람인데 나는 왠지 한국인이 아닌 것만 같은 낯선 느낌이 들어 더없이 외로움을 느꼈다.

그러면서 지난 사십여 년의 나를 뒤돌아보았다. 그동안 너무 무지했던 내 모습이 점점 크게 확대되어 밀려오기 시작했다. 한 때 자부심에 건방졌던 내 모습, 과거의 모든 잘못, 실수 이 모든 것들이 한꺼번에 나를 엄습하면서 이제 웃는 것도 힘이 들었다. 세상에 수많은 훌륭한 사람들, 성공한 사람들, 따뜻한 사람들, 진실한 사람들, 능력 있는 사람들의 모습이 떠올랐다. 나는 못 났고 능력도 없고 진실이란 것이 무엇인지도 모르고 가진 것도 없이 성공할 방법도 모르는 사람처럼 한심해져만 갔다. 그렇게 힘겨운 시기를 보내고 있을 무렵, 문득 나를 무척이나 좋아해주던 조선족 교포 후배가 내게 했던 말이 문득 생각이 났다.

"호랑이를 우리에 가두어 두면 고양이가 됩니다. 중국에서 그렇게 으르렁대며 곳곳을 팔팔 내달리시던 호랑이셨는데, 지금 그대로 계시면 이빨도 빠지고, 발톱도 빠지고 영락없는 고양이가 되어 버릴지도 몰라요."

때로는 타인의 한 마디가 절망의 늪에 빠진 사람을 구해주기도 한다. 그렇다. 나는 고양이가 되고 싶지는 않았다. 한 번 사는 인생인데 호랑이는 못 될지언정 뭐가 그리 무서운가? 뭐가 그리 두렵고 자신 없어서 마음 조심조심 사리다가 또 꿈도 없는 채로 꾸벅꾸벅 졸다가 주인이 밥사발을 갖다 주는 것이라도 기다리는 고양이가 되어야 한단 말인가?

나는 과거에 발목 잡혀 앞으로 나아가지 못하는 사람이 된 것만 같은 기분이 들었다. 과거를 모두 지우고 싶어졌다. 내 인생을 완전히 새로 부팅하고 싶었다.

한때 잘 나가던 중국 주재원이었는데 무얼 그리 비관하느냐는 위로의 말들을 할지라도 아무 소용없었다. 잘 났던 과거가 무슨 소용이란 말인가? 세상에는 더 큰 위대한 성공을 이룬 사람들이 하늘의 별처럼 많은데, 기껏 그 정도가 무슨 성공이었다고, 그래서 그곳에서 낙마했다고 해서 무슨 실패라고 좌절을 한단 말인가? 설령 내가 과거에 한 때 잘 나가던 사람이었다고 하더라고 나는 과거를 지울 것을 결심했다.

중국말에 "好汉不提当年勇(하오한뿌티땅녠용)."이란 말이 있다. 진정한 남자, 호한이라면 옛날 그 시절 용감했었다는 이야기를 하지 않는다는 뜻이다. 지난 날, 잘 나가던 때 좋은 시절 성공한 시절이 있었다는 것이 현재에 아무런 소용이 없었다. 지나간 날의 작은 성취를 두고두고 반추한다는 것 자체가 호한이 아니라는 생각이 들었다.

지난 과거의 성취는 지나갔기에 더 이상 내게 중요하지 않은 성취라고 생각하기 시작했다. 미래에 내가 이루어나갈 더 큰 꿈, 더 큰 글로벌한 가능성을 생각하면 지나간 날의 성취는 바닷가의 모래알 정도 크기밖에 안 되는 것으로 생각했다. 과거의 성공을 추억하고 현재를 비관하는 것은 독배를 마시는 것과 같다는 생각을 했다.

석양이 비록 아름다우나 황혼에 가깝다

1994년 가을, 코끝에서 고국에 대한 향수를 느끼던 무렵, 북경어언대학 중급 회화 선생이 내가 속한 반의 학생들을 데리고 북경 시

내의 양로원을 참관하도록 했다. 그곳은 중국 혁명 막바지 국민당을 몰아내던 마지막 전투에 참가하셨던 분들이 조용히 쉼을 누리는 경로원이었다. 차를 마시는 분, 책을 읽으시는 분, 조용히 눈을 감고 앉아 계시는 분들이 눈에 들어왔다.

선생은 양로원을 참관하고 나오는 학생들에게 "夕阳虽美, 却已近黄昏(시양수이메이 츄에이진황훈)."라고 말했다. '석양이 비록 아름다우나 황혼에 가깝다.'라는 뜻이다. 선생은 이 문장으로 다음 수업 시간에 느낀 점을 발표하라는 과제를 냈다. 나는 굉장히 고심하여 작문을 했던 기억이 난다. 그 작문의 어떤 부분을 기억하기로는 이렇다.

「태양이 떠오른 맑은 날에는 황혼을 볼 수 있지만, 하루 종일 비가 오고 흐린 날은 황혼조차 볼 수가 없다. 젊은 시절 뜨겁게 맑은 태양이 있는 날을 보낸 사람은 아름다운 황혼이 있겠지만, 한평생 꾸물꾸물 흐린 날을 보낸 사람에게는 석양도, 그리고 황혼도 볼 수가 없다. 세상에는 젊은 노인이 있는 반면, 늙은 젊은이가 있다.」

나는 작문의 마지막 문장으로 "同学们, 阴天不会有黄昏的, 你说呢(통슈에먼, 인티엔부휘요황훈더, 니쑤오너)."라 쓰고 갈무리를 했다. 과제를 듣던 학우들에게 질문 아닌 질문을 하고 교단을 내려왔다. 이 문장의 뜻은 이렇다.

"여러분, 흐린 날에는 황혼이 없습니다. 어떻게 생각하세요?"

해변에서 바라보든 산에 올라가서 바라보든 아니면 푸른 들판을 보면서 마주하든 혹은 집의 창문으로 내다보든 기울어 가는 석양이 붉은 노을로 하늘을 빨갛게 물들이면 바라보는 우리의 감탄을 자아낸다. 하루 종일 뜨겁게 달구던 태양이 서쪽 땅 밑으로 삶을 마감해갈 때, 태양이 세상에 남기는 뒷모습은 이토록 인간에게 감동을 베푼다.

지금 나의 살아가는 모습은 어떤 모습인가? 나는 이런 질문을 스스로 던져 본다. 하루 종일 비가 오고 있는가? 그래서 축축한 날 속에서 정신이 혼미한 채로 아무 생각 없이 헤매고 있는가? 태양보다 뜨거운 눈빛으로 한낮을 이글이글 태우는 삶을 살아가고 있는가?

어차피 한 번뿐인 인생인데

두어 해 전에 책을 읽다가 우연히 마음에 확 달라붙는 문장을 만났다.

"인생이 행복해지려면 관계를 단순화해라."

복잡한 세상, 마음이 자꾸 꼬이고 비틀려지는 세상살이, 그 안에는 수많은 눈과 입이 있다. 나를 험담하는 사람들, 나의 몸에서 기운을 빠지게 하는 사람들, 만나면 왠지 머리와 가슴속을 더욱 어둡게 하는 만남도 있다.

"이 나이에 이제 뭘 새로 하겠어? 그냥 사는 대로 살면 되지. 열심히 살아보아야 뻔하지. 인생 뭐 별거 없어, 인생이란 그저 나 보다 못한 사람들 보면서 살면 되는 거야."

'比上不足, 比下有余(비샹부주, 비샤요위).'라는 말처럼 나보다 잘난 사람들하고 비교하면 내가 부족한 것이 보이지만 나보다 못한 사람들과 비교하면 나 또한 이만큼 잘 난 것이다.

이런 식의 말은 사람을 잠들게 하는 마취 효과가 있다. 들어보면 어쩐지 딱 알맞은 말 같아서 반문 없이 그저 고개를 끄덕이게 되는, 별다른 각성효과 없이 그저 고개를 끄덕이다가 이내 졸게 되는 말들. 인생에 대해서, 세상에 대해서 두 눈을 딱 감고 아무 생각 없이 듣기 편한 말이란 것이다.

사람마다 자기 생각이 옳다고 생각하는 터에 우리는 그런대로 자기 믿음으로 살아가는 것이라서 나 또한 그러하다. 어렸을 때는 아무 책이나 무조건 많이 읽으라는 말에 동의했었다. 그런데 어른이 되고 보니 생각이 달라졌다. 이제는 서점에 가면 내가 보고 싶은 책을 골라본다. 스스로 지금 가진 것에 만족하면 행복하다고 설교하는 책을 절대 사보지 않는다. 왜 지금 자기가 가진 것에 만족하면서 행복하다고 느끼며 살아야 하는지 나는 동의할 수 없다. 나는 그보다는 내 부족함을 일깨워줄 수 있는 책들을 사는 편이다.

현실에 안주하며 지금의 내 상태를 행복하다고 자기 암시를 걸면서 오직 자신의 행복 수치에만 매달리는 사람이 되고 싶지 않다. 만족의 단위를 행복감이라는 걸로 끌어내리고 싶지 않다. 행복과 열정이란 단어 중 어울리는 어휘를 선택하라면 나는 응당 열정을 선택할 것이다.

오직 식지 않는 열정으로 더 배우고, 많은 것들을 창출하여 이 세상의 어느 한 곳에라도 도움이 될 수 있는 삶을 살고 싶다.

우리 인생에 수많은 책들이 펼쳐진다고 생각해보자. 이전에는 단순히 책이라는 양식을 잡식하듯 이것저것 읽어보았다면, 이제는 읽을 만한 책을 선별할 수 있는 능력을 기르는 것이 더 중요하다고 생각한다. 인생에 널려 있는 것들 중에서 내가 살아가고 싶은 것들만을 선별하듯이 말이다.

내가 어떻게 살 것인지에 대해 좋은 선택을 해야 한다. 만남도 마찬가지다. 어차피 한 번뿐인 인생이다. 내가 만나서 기운이 나고, 내가 만나서 나만의 세계에 갇혀 있지 않고 세상의 빛과 소금이 되는 삶을 생각하게 해주는 만남을 선택해야 한다.

어제, 오늘, 내일

살면서 우리는 적어도 한번은 자기 인생의 밑바닥을 짚어볼 필요가 있다. 바닥 속 저 깊은 곳까지 들어가서 스스로를 진단해보아야한다. 그 깊은 곳에서 나의 목소리를 들어보아야 한다. 때로는 인생을 송두리째 저 앞바다에 던져버리고 싶은 마음이 되어 볼 필요도있다. 내 인생이 아무런 쓸모도 없는 것 같아 도저히 고개를 들 수없는 부끄러움에 울어볼 필요도 있다.

그렇게 깊은 수렁을 짚어 보고나면, 반드시 일어설 수 있어야 한다. 마주 대하던 어제로부터 돌아서서 반대 방향을 보아야 한다. 내일을 보고 걸어가야 한다. 내 자신에 대한 사유는 '길이'로 하는것이 아니다. 처절함 혹은 철저함이라는 '깊이'로 하는 것이다. 하늘이 구멍 난 듯 쏟아지는 소나기를 홀로 맞으며 진흙탕에 무릎을꿇은 채로 하늘을 보며 처절하게 울어대다가 문득 깨닫게 되는 것처럼 우리는 스스로를 철저하게 대면하되, 다시 일어나 앞으로 나아갈 수 있어야만 한다. 나는 더 이상 과거의 추억이나 자랑, 아픔 속에서 머물러 살지 않겠다고 결심을 하면서 무릎에 힘을 주고 일어나야 한다.

내가 이루어 나가야 할 앞날의 꿈, 세상을 좀 더 살기 좋은 곳으로 만드는 데 도움이 되고 싶다는 꿈에 비하면 과거에서부터 얽힌짐들은 완전히 잊어야 한다. 호한은 과거에 용맹했던 적이 있다고말하지 않는다. '好汉不提当年勇(하오한뿌티땅녠용, 사내대장부는자신의 과거를 자랑하지 않는다).'이라는 중국 사람들의 옛말이 마음에 와 닿는다.

나는 멋진 사람이 되고 싶다. 앞으로 만들어 갈 수 있는 더 멋진 수없이 많은 일들을 생각하면서 나아가고 싶다. 옛날의 추억들에 빠져서 헤어 나오지 못하는 우를 범하고 싶지 않다.

삶을 나누어 보기

삶을 조각으로 나누어 보면 어떨까. 살아온 만큼의 앞날을 쪼개어 인생의 전반전으로, 다가올 미래를 후반전으로 나누어보자. 그리고 살아가야 할 세월이 살아온 세월보다 훨씬 긴 젊은 친구들에게는 지금까지 살아온 과거를 쿼터로 나누어 보라고 권하고 싶다.

첫 번째, 두 번째 쿼터에서도, 혹은 인생의 전반전에서 우리는 많은 실패를 했을 수 있다. 인생에게 졌다. 인생이 우리를 이겼다. 솔직하게 패배를 인정한다. 인생에게 완전히 졌다. 그러나 우리는 연습을 충분히 할 기회가 없었고, 성공할 수 있는 전략도 마련되지 못한 채로 전반전을 뛰었다. 첫 번째 쿼터, 두 번째 쿼터, 심지어 세 번째 쿼터까지 뛰었다. 그러나 아직 제대로 실력을 발휘하지 못했다.

괜찮다. 이제 우리는 아직도 남은 쿼터가 있지 않은가? 남은 후반전이 있다. 지난 실패를 기억하지 말고 지난 조그만 성공에 연연하지 말고, 후반전에 몰두해야 한다. 새롭게 전략을 잘 짤 수 있는 지금 이 순간이 하프타임, 작전타임의 시간이라고 생각하면 된다. 인생의 후반전, 이런 표현이 마음에 들지 않으면 두 번째 인생을 시작한다고 생각하면 된다.

실패한 어제까지가 첫 번째 인생이었고, 오늘부터 두 번째 인생을 살아간다고 생각하면 된다. 이렇게 시간을 나누어 생각하여야 한다. 우리의 내일, 우리의 인생 후반전, 우리의 두 번째 인생은 반드시 오늘의 올바른 깨달음, 오늘의 이길 수 있는 전략으로 만들어 갈 수 있으면 된다.

결코 어제의 좌절, 어제의 슬픔과 회한, 실패, 그리고 어제의 성공, 성취, 건방짐 따위가 나의 내일을 결정짓도록 방치해두지 않아야 한다. 어제가 아니라 반드시 오늘을 제대로 살아내어 오늘이 우리의 내일을 만들어 가도록 해야 한다. 오늘 나는 더 이상 고양이가 되지 않을 것이며, 오늘 다시는 어제 이어서 계속 울고 있지 않을 것이다.

chapter 4

펑요우, 인생의 벗

　얼마 전에 상하이 홍챠우루에 있는 메리어트 호텔 연회장에서 〈중국통〉 10주년 기념행사가 있었다. 마침 광복절이라서 "대한민국 만세!"를 세 번 외치는 것으로 행사가 시작되었다.

　고재수 사장은 본인이 창업하여 십 년간 성장해온 〈중국통〉 사업을 소개하기 시작했다. 그는 한국의 KT 상하이지사 주재원 출신이다. 그가 개발하여 운영하는 모바일 어플리케이션 플랫폼 세 가지와 향후 개발 계획, 그리고 한국 교민 사회에 발행하는 〈중국통〉이라는 이름의 월간 잡지에 대해서 소개를 하였다. 창업하여 성공하기도 어렵지만, 십 년이라는 긴 시간 동안 유지하고 존속하는 일 역시쉬운 일이 아니다. 중국 땅에서 한국인 신분으로 중국의 IT 시장을 개척하기 위해서 흘린 수고로운 에피소드를 들으니 마음이 짠했다. 창업하여 처음 몇 년 동안은 계속 적자를 보았을 텐데도 꿈을 위해서 한결같이 노력해온 그의 피땀을 생각하니 축하해주고 싶었다.

기념식을 마치고 손님들이 어우러져 서로 잔을 권하며 인사하고 대화를 나누며 식사를 하던 와중에 고 사장이 행사장 무대 위로 올라가는 모습이 보였다. 무대 위 대형 보드에 붙어 있던 사업 소개 포스터를 보면서 아마도 그의 눈에 감격의 눈물이 핑하고 돌았을 것으로 생각했다. 얼마나 마음 아프면서 고생하였겠는가? 도중에 사업자금도 부족해지는 상황마저 닥쳤을 텐데, 그 인고를 가슴 깊이 아는지라 나 역시 가슴이 뜨거워졌다. 그가 뒤로 돌아서 우리를 볼 때, 보드의 새로운 대형 포스터가 나타났다. 거기에는 내가 중국에서 18년을 살면서 숱하게 들어왔던 노래 '朋友(펑요우)'의 가사가 적혀 있었다.

고 사장은 자신이 존경하는 멘토가 일깨워준 내용이라고 말하면서, 성공이란 '내가 한때 이 세상에 살았음으로 해서 나 아닌 누군가 단 한 사람의 삶이라도 더 살기 좋은 것으로 만드는 것'이라는 말과 함께 오늘 참석해주신 '朋友(친구)'들과 마지막 노래를 같이 부르고 싶다고 했다. 그가 말하는 멘토는 헤드 테이블 손님으로 초청된 나를 가리키는 것이 아니었을까 생각을 해보았다. 우리는 모두 일어나 옆에 있는 사람의 손을 잡고 노래를 부르기 시작하였다. 손에 손을 잡고 강강술래 하듯이 하나의 큰 원을 만들어 돌고 돌면서 노래를 함께 불렀다.

펑요우라는 노래는 홍콩 가수 주화건이 부른 노래로 한국 가수 안재욱이 한국어 버전으로 리메이크해 한국 사람들에게도 익숙한 노래이다. 나는 가사 한 글자 한 글자를 큰 소리로 같이 따라 불렀다.

这些年 一个人 风也过 雨也走

有过泪 有过错 还记得坚持什么

真爱过 才会懂 会寂寞 会回首

终有梦 终有你 在心中

朋友 一生一起走 那些日子 不再有

一句话 一辈子 一生情 一杯酒

朋友 不曾孤单过 一声朋友 你会懂

还有伤 还有痛 还要走 还有我

一句话 一辈子 一生情 一杯酒

살아온 세월 나 홀로 모진 바람도 거센 비도 거쳐 왔다네.

눈물도 흘렸고, 잘못도 있었고, 그러나 무엇을 간직할지 기억하고 있었지.

정말로 사랑해야 비로소 알 수 있는 것, 적막하여 돌이켜 보니

꿈이 있었고, 네가 있었네, 내 마음속에.

친구야, 평생을 같이 가세, 지난 세월이 다시 오지 않도록

한 마디, 한 세상, 한 뜻의 우정, 한 잔의 술

친구야, 고독하지 않았어, 한 마디 친구라 부르면 너는 이해했지

상처가 있어도 아픔이 있어도 앞으로 나아가세, 내가 있으니,

한 마디, 한 세상, 한 뜻의 우정, 한 잔의 술.

중국에 오래 살면서 너무도 익숙하게 듣던 노래인지라 들을 때나 혹은 부를 때나 가사에 대해 깊게 생각해본 적이 없었다. 그러나 이날 그 순간만큼은 가사 한 마디 한 마디가 가슴에 깊이 박혀 들어왔다. 친구인 고 사장이 겪었을 그간의 고생을 생각하며, 또 그가 앞으로 사업에서 원하는 꿈을 이루기를 진심으로 바라면서 큰 소리로 노래를 불러주었다. 내 목청이 높아질수록 가슴도 더욱 울먹해지는 것을 느꼈다.

'펑요우'라는 노래를 같이 부르자고 제안했던 고사장이 무대 위에서 우리들을 '펑요우'라고 불렀다. 나도 그가 펑요우라고 생각하고 같이 노래를 불렀다. 그는 나와 개인적으로 만나게 되면 예의를 담아 나를 멘토님이라고 부르곤 한다.

중국에서는 나이 차이가 좀 나더라도, 고향이나 학교 그리고 사회의 선후배 사이이더라도, 혹은 누가 가진 돈이 많든 적든 간에, 사회적으로 누가 더 성공했든, 어쨌든 서로 친한 사이가 되면 서로가 펑요우가 된다. 나 역시 우리 회사의 직원들의 리더이기도 하지만 그들과 펑요우 지간이기도 하다.

중국 사람들이 자주 하는 말 중에 "多一个朋友, 多一条路(뚜오이거펑요우, 뚜오이티아오루)."라는 말이 있다. 친구가 한 명 더 있으면, 갈 수 있는 길이 한 갈래 더 늘어난다고 해석할 수 있는 말이다. 중국 사람들이 펑요우, 즉 친구를 사귀는 것을 소중하게 생각한다는 것을 알 수 있게 해주는 말이다.

중국에서는 꽌시라는 말, 즉 인맥이라는 말을 자주 사용한다. 인맥은 돈맥이라는 말도 사용한다. 목적을 달성하기 위해서 인위적으로 맺어가는 꽌시도 많이 있지만, 중국인들의 문화 속에는 누가 나이가 몇 살 더 많은지 따지지 않고 마음으로 서로 친구가 되는 평요우 문화가 있다. 인생을 살아가면서 서로 격려하고 존경하고 또 서로 사랑하면서 손잡고 세상을 살아가는 친구의 문화가 있다.

중국에서 살아온 짧지 않은 시간 동안 나는 많은 중국 친구들을 만났다. 비즈니스로 만난 친구도 있고 사업과 관계없이 사귀게 된 친구들도 있다. 나보다 나이가 많은 사람도 있고 나이가 어린 사람도 있다. 정치적으로 신분이 있는 사람도 있고 경제적으로 큰 그룹의 회장이 된 사람도 있다. 내가 하는 일과 업종과 완전히 다른 사람들도 있다. 공장에서 일하는 생산직, 어느 회사에서 운전기사로 일하는 친구, 어느 식당에서 종업원으로 일하는 친구, 이렇게 많은 친구들이 있다.

이러한 중국 친구들이 있었기에 중국에서 십구 년이라는 만만치 않은 세월을 나름대로 헤쳐 나올 수 있었다. 그들이 있기에 나는 중국을 더 사랑할 수 있었다.

내가 살고 있는 상하이에서 최근 몇몇 한국 분들이 '글쓰기 모임'이라는 동호회를 만들어 날마다 서로 글을 쓰도록 격려하고 있다. 이미 작가이신 분도 있고, 작가가 되려고 노력하는 분도 있고, 자기가 쓴 책을 출판하고 싶어 하는 분이나 글쓰기로 자기 치유를 하시는 분들이 모인다. 서로 나이가 다르고 고향도 다르고 하는 일도 다르지만 중국 사람들이 말하는 펑요우가 될 수 있었다. 그들은 인생을 함께 걸어가는 벗, 동지이기 때문이다.

"내 마음속에 네가 있고, 내가 있으니 앞으로 나아가세."

우리가 누군가에게 친구가 되고, 그래서 그에게 또 하나의 길이 될 수 있다면 그는 또 우리 자신에게 또 하나의 길이 되어 줄 것이다. 상처가 있어도 아픔이 있어도 그가 잘 걸어가라고 응원하는 길이 되어준다면 그 역시 우리가 잘 걸어갈 수 있도록 또 하나의 길이 되어줄 것이다.

글을 마치며

선 한 영 향 력

이 으로 로 내 생 의 름 이 름

창밖을 보니 바람이 더욱 차가워지고 풍경은 겨울로 접어들 분위기를 보이고 있다. 나무들도 한 해를 마감하려는지 그동안의 고민을 털어내듯 마른 잎들을 떨어내고 있다. 하늘에선 잿빛 구름들이 세월의 무상함을 노래하고 있는 듯하다. 겨울로 접어들고 있는 것이다. 한 해가 마감되고 새로운 한 해를 준비해야 하는 속마음이 깊어질 때가 다가온다.

세컨드 라이프

인생의 시간을 축구 경기에 비유하여 전반전, 후반전으로 나누면 우리는 중간에 쉬는 하프타임을 얻게 된다. 몇 살까지 살 수 있는지 누구도 장담은 못하지만 요즘 기대 수명이 백 살이니, 백 년을 둘로 쪼개어 이미 지나간 오십 년을 전반전 앞으로 살아갈 오 십년을 후반전이라고 나누어 본다. 이렇게 전반과 후반전으로 구분해보는 오늘 이 순간이 하프타임이라고 생각해본다. 전반전 삶의 게임을 후회한다. 더 깔끔한 플레이로 멋진 경기를 해야 했는데 꼭 내가 공을 넣겠다는 것에만 집중하다 보니 경기 전체를 보지 못한 채 공만 따라다니다가 지치고 제대로 골을 하나도 성공시키지 못했다.

지금은 하프타임이다. 작전을 다시 짜야겠다. 나는 연습 부족이나 훌륭한 감독과 코치가 없어서 전반전에 패한 것이 아니다. 경기를 임하는 마음부터 잘못되었고, 경기 도중에 앞뒤 좌우를 살피지 못하고 눈앞의 공만 보았던 것이 패배의 원인이었다. 후반전에는 반드시 역전 승리를 할 수 있도록 마음을 다시 가다듬어 본다.

"절대로 눈앞의 공만 보면 안 되겠다. 앞뒤와 좌우를 살피고 경기 전체를 장악하고, 공격과 수비의 속도를 잘 조절해야겠다. 공은 반드시 내가 넣어야 하는 것은 아니다. 남들이 골을 집어넣을 수 있도록 열심히 도와주어야겠다. 후반전의 승리를 위해서 내가 가진 체력과 기량을 불태우겠다."

한편으론 인생을 전반 후반으로 나누는 것보다 첫 번째 인생, 두 번째 인생으로 부르고 싶어진다. 지금까지 살아온 삶을 첫 번째 인생이라고 하고 앞으로 살아갈 삶을 두 번째 인생이라고 구분해보고 싶다. 그래서 새롭게 태어난 기분과 마음, 자세로 보다 나은 날들을 가꾸어 가고 싶다.

첫 번째 인생에서 나는 너무 술을 많이 마셨다. 담배도 많이 피웠다. 일도 참 열심히 했다. 앞만 보고 살았다. 그렇게 살면서 머리는 텅 비어가고 가슴은 메말라 가고 모습은 추하여졌다.

두 번째 인생을 시작하는 지금은 나는 한 살이다. 오십 년의 기대 수명을 가지고 한 살로 다시 태어났다. 새벽 선사를 나서면 밤새 스님들의 책 읽는 모습에 더욱 청정해진 이슬을 맞고 마음 시리도록 푸르러진 어린 풀잎을 보듯, 그런 맑은 마음으로 시작하고 싶다.

착한 마음, 착한 인생, 착한 꿈을 열어 가고 싶다. 나를 주장하지 아니하고 내가 있어서 세상에 조금이라도 도움이 되는 늘 푸른 어린 풀잎으로 살고 싶다.

나와 여러분의 차이점은?

지난 칠월이 시작되면서 가장 가까운 지인 몇 사람에게 내가 올해 여름을 어떻게 보낼 것인지 생각을 이야기한 적이 있었다. 칠월 팔월

두 달 동안 지난 삶을 뒤돌아보면서 내 인생에서 첫 번째 책을 써보 겠다고 했다. 나는 원래 남에게 보여주기 위해서 글을 써본 일이 없 다. 글이라면 일기를 쓰고 이메일을 쓰는 정도가 고작인 사람이었 다.

딸에게 한 약속이 기억난다. 아빠의 나이가 육십이 될 때 책을 한 권 정도 쓰겠다고 한 말을 내 딸도 기억하고 있을 것이다. 나는 마 음속으로 꼭 약속을 지키고 싶었다. 그런데 십 년의 시간을 앞당겨 서 올해 책을 출판하겠다는 생각으로 부족한 생각을 적어보았다.

상하이에 유학 중인 한국 학생들이나 우리 회사 젊은 직원들에게 강의하거나 대화를 나눌 기회가 오면 해주고 싶었던 내용을 적어보 았다. 올해 상하이에 유학 중인 한국 학생들에게 강의할 때 시작하 는 도입 단계의 첫 멘트로 질문을 던진 적이 있다.

"저와 여러분의 차이점은 무엇일까요?"

하이난다오(海南島)에서 초등학교에 다니기 시작하여 상하이에 있는 쟈오퉁 대학을 졸업하게 되기까지 중국에서 교육을 받은 똑 똑한 여학생이 대답했다.

"나이 차이입니다. 오직 나이 차이일 뿐입니다."

"예, 맞습니다. 여러분이 보기에 제가 사업으로 성공한 사람으로 보여서 부러울지는 모르겠지만, 사실 여러분과 저는 이십 몇 년의 나이 차이가 있습니다. 오직 그 차이만 있습니다. 여러분의 미래가 지금의 저보다 훨씬 아름다울 것을 믿습니다."

그대로 지난여름에 접어들어 한 번도 감히 해보지 않았던 책 쓰기에 도전을 시작하여 오늘 이렇게 에필로그를 쓰게 되었다. 나는 또다시 회사 일을 열심히 하게 될 것이다. 그러나 두 번째 인생에서는 일만 열심히 하는 일벌레로는 살지 않으려고 한다. 하루하루 삶을 더욱 소중히 하며 더욱더 낮은 곳으로 내려가 나보다는 내 주변과 세상을 섬기며 살아갈 것이다.